JURÉ SOUS INFLUENCE

Carole Sterlé

JURÉ SOUS INFLUENCE

ÉQUATEURS

ISBN : 978-2-3828-4244-7.

Dépôt légal : novembre 2022.

170 *bis*, boulevard du Montparnasse, 75014 Paris.

editions-des-equateurs@orange.fr
www.editionsdesequateurs.fr

L'INSTRUCTION touche à sa fin. L'avocat s'inquiète du procès qui aura bientôt lieu. Quand, précisément, il n'en sait rien encore, mais ce sera devant la cour d'assises de Seine-Saint-Denis, à Bobigny, puisque le double meurtre a eu lieu dans ce département.

Une nuit de l'été 2019, deux hommes ont été abattus d'une rafale de Kalachnikov, en bas de chez eux. Ils n'avaient pas 30 ans. Cibles choisies ou victimes à l'aveugle, le procès le dira peut-être. La police a mis des noms et des visages sur ceux qu'elle tient pour responsables, plusieurs attendent le procès derrière les barreaux. Pour meurtre en bande organisée, ils encourent la réclusion criminelle à perpétuité.

Ce sera à la cour d'assises d'apprécier leur implication, de les condamner ou de les acquitter. Cette cour sera formée par des professionnels et des citoyens, trois magistrats et six habitants de Seine-Saint-Denis, de plus de 23 ans, tirés au sort sur les listes électorales. Et quelques suppléants pour parer aux défaillances éventuelles, en cours d'audience. Ils doivent impérativement rester six jusqu'au bout du procès.

La loi ne leur demandera pas compte de leur décision, le code de procédure pénale leur prescrit de s'interroger eux-mêmes dans le silence et le recueillement, de chercher dans la sincérité de leur conscience quelle impression ont fait, sur leur raison, les preuves rapportées contre les accusés et les moyens de leur défense. La loi ne leur pose qu'une seule question qui renferme toute la mesure de leur devoir : « Avez-vous une intime conviction ? » Justice sera rendue, par et au nom du peuple français, comme c'est le cas depuis la Révolution française. Le juré, ce lien entre le citoyen et la justice, symbole de la souveraineté du peuple.

« Je n'imagine pas que le procès ait lieu à Bobigny », m'explique cet avocat pénaliste qui défend les intérêts d'une partie civile. Il préférerait le dépayser, c'est-à-dire que l'affaire soit jugée ailleurs (avec des jurés qui n'habitent pas le département) : « Il faut que le procès ait lieu loin de Bobigny, loin de la cité et de sa loi du silence, cette cité, c'est comme dans un village sicilien, où tout le monde sait, mais personne ne parle. Les faits sont trop violents pour que les jurés jugent sereinement. Et vu ce qu'il s'est déjà passé à Bobigny, on sait que c'est risqué. »

Il fait allusion à « l'affaire des jurés » que j'ai suivie en tant que journaliste au *Parisien*, au sein de l'édition de Seine-Saint-Denis. Une histoire de tortures après le vol d'un convoi de drogue en 2014 qui s'est soldée cinq ans plus tard par un nombre inattendu d'acquittements. Le verdict, communiqué sur Snapchat par l'un des jurés, avait fuité dans la salle avant le retour de la cour. Un jeune juré de 23 ans avait été approché plusieurs fois pendant le procès, reconnu dans la salle par un ami d'enfance de l'un des accusés. Le président de la cour d'assises a pointé la difficulté de juger les criminels en Seine-Saint-Denis. Un séisme judiciaire, et cette question cruciale : peut-on rendre justice, sereinement, en toute impartialité, n'importe où en France ?

Été 2014, Petit Père hésite encore

Il n'a jamais fait ça de sa vie. Il pense à ses trois fils. La mission est risquée, la route est longue depuis l'Espagne, la Guardia Civil et les douaniers se trouveront forcément sur le chemin. Son job : effectuer un aller-retour en camping-car jusqu'en Espagne, pour ramener du cannabis en Seine-Saint-Denis. À l'aller, il transporte l'argent, au retour, la drogue. Vingt kilos pour ce premier voyage, il y en aura d'autres si ça fonctionne bien. À la clé, une commission de 100 € par kilo transporté. Avec plus de 8 000 € de dettes, nul besoin d'avoir fait HEC pour comprendre que 2000 €, c'est toujours ça de pris.

« Petit Père », c'est ainsi que le surnomment les trafiquants, presque avec l'affection qu'on porte aux anciens. Le gars file tranquillement vers la cinquantaine, il émargeait au collège quand les autres portaient encore des couches ; 1,80 mètre, 80 kilos, épaules carrées, le genre de gars à qui l'on pense quand on a besoin de bras pour un déménagement. Une gueule et une gouaille de titi parisien, châtain au regard clair, tranquille pépère au volant d'un camping-car, il passera crème pour un vacancier, il serait même capable de blaguer avec les douaniers pour faire diversion. Un vélo sur le toit, cela fera encore plus touriste.

Petit Père est aussi fauché que drogué. La cocaïne, il s'en met beaucoup dans le nez, 5 grammes par jour, ça coûte cher. Cannabis, drogues de synthèse, vodka... Il est peu regardant sur les mélanges. Il a bien tenté de décrocher, mais la trêve a été de courte durée, son couple a explosé, après plus de vingt ans de vie commune.

La drogue n'a pas fait irruption dans sa vie du jour au lendemain. C'est comme si elle était en embuscade, à l'affût des creux de vague dans une vie en apparence bien rangée : un boulot avec un salaire confortable, un mandat syndical, des enfants avec l'amour de sa vie. Premier flash en enfance, avec un shoot d'éther à 9 ans. Premier joint à 13, premier rail de cocaïne à 17. La curiosité tourne à l'addiction. En Seine-Saint-Denis dans les années 80, pas besoin de faire des kilomètres pour céder à la tentation.

Petit Père est arrivé gamin dans le département. Ses parents cherchaient un logement spacieux. Le père dans l'édition, la mère, enseignante, trois enfants, dont Petit Père est l'aîné. À Paris, impossible, ils ont passé le périphérique, pour atterrir dans un pavillon à Aulnay-sous-Bois, pas très loin de l'aéroport Roissy-Charles-de-Gaulle. Petit Père se rêvait mécanicien, cuisinier, avocat après un bac B. Finalement, il a suivi la voie tracée par papa, dans l'édition, même si tout les éloignait. Ils ont trop de caractère, et Petit Père en a voulu à son père quand ses parents ont divorcé. Son référent à lui, c'est son grand-père, un résistant, un héros de guerre, son modèle.

La cocaïne s'invite à son mariage. Pour le meilleur et pour le pire. La poudre devient l'alliée des mauvais jours, à moins qu'elle ne les multiplie. Et c'est de moins en moins discret. Au quatrième plan social de son entreprise, Petit Père jette l'éponge. Terminés, les 3 × 8 à l'imprimerie, une rupture conventionnelle sauve les apparences. Petit Père empoche un petit pactole de départ, mais à 60 € le gramme, les économies s'évaporent.

Son couple est une chimère, la tentative de thérapie conjugale tourne au fiasco. Il est sans doute trop tard. Lui, le papa poule, s'éloigne de plus en plus de ses fils. La drogue a creusé son sillon comme elle sait si bien le faire, séparant ceux qui en prennent des autres.

Les dettes grimpent en flèche, avoisinant les 10 000 €. Ce job d'été de convoyeur de drogue est sans doute une aubaine.

La Costa Blanca, tous frais payés, un téléphone « toc » avec quelques numéros préenregistrés pour recevoir les instructions. La location du camping-car est prise en charge, ça tombe bien, Petit Père n'a plus de Carte Bleue. Simple, basique.

C'est un copain d'enfance qui l'a mis sur ce plan. Depuis qu'il est séparé, Petit Père est souvent fourré chez Maxime aux Pavillons-sous-Bois, entre Bondy et Aulnay. Ce grand brun à la carrure de bûcheron travaille sur des chantiers et tape aussi, surtout les soirs de fête. Il en revend un peu, à titre alimentaire, c'est-à-dire pour financer sa consommation.

Maxime a quatre ans de moins que Petit Père et pas mal de points communs : enfance dans le 93 en cité à Bobigny, puis en pavillon ; école privée pour recevoir une meilleure éducation ; père alcoolique à la main lourde.

Petit Père et Maxime, tous deux pères de famille, ont la drogue festive, même si, Maxime en est convaincu, psychologiquement c'est dur de gérer la cocaïne, surtout en soirée. Les occasions de faire la fête se sont multipliées en semaine, quand les chantiers rapportaient bien, ou, au contraire, quand l'activité ralentissait. Tous les prétextes étaient bons.

Pour l'Espagne, Maxime s'est contenté de faire le lien entre Chouk et Petit Père. Chouk, c'est un copain de soirée, il vit à Aulnay-sous-Bois. Cette ville ou plutôt ce village de 80 000 habitants où tout le monde se connaît, se côtoie.

Chouk, 31 ans, cultive son allure de beau gosse avec ses Ray Ban Pilote et possède une sacrée tchatche. Il a été à bonne école. Tout minot, il a fait ses armes sur le marché aux Puces, à Saint-Ouen, le week-end et le lundi, où l'on trouve aussi bien des antiquités prisées à l'international que des baskets de contrefaçon, entre le périphérique et des points de deal. La famille traversait une passe difficile, son père avait perdu la gérance de ses laveries. Chouk a découvert la jungle, la débrouille, appris que l'argent était le meilleur ami de l'homme. Les vendeurs aimaient son dynamisme, il était comme un poisson dans l'eau. Le garçon a persévéré. Démonstrateur dans les grands magasins, boulevard Haussmann à Paris, il a vendu des fringues de luxe, des voitures, des fenêtres, côtoyé le monde des grands bonimenteurs, du vice, des champions du forcing.

Lui aussi est dans le rouge. Dette de poker. Le jeu, c'est sa came à lui. Machines à sous, roulette, cartes... Il aime tout. Quand il joue à l'EuroMillions, il n'espère pas seulement gagner, il y croit. Chouk a créé son propre cercle de jeux, organise des rencontres dans une salle louée au sud de Paris. Il y joue aussi et ne gagne pas à tous les coups.

À condition de multiplier les trajets et les investisseurs, ce trafic entre l'Espagne et la France lui permettra de renflouer les caisses. Il connaît bien l'Espagne qu'il traverse tous les étés depuis l'enfance pour rejoindre le Maroc, le pays de son père. Pénélope, sa douce, connaît encore mieux la péninsule, elle y a grandi, parle couramment l'espagnol. C'est un atout.

Chouk a déjà les investisseurs. Manque le chauffeur. Un gars qui a besoin de se faire de l'argent rapidement. Maxime est trop brun, trop mat de peau, il risquerait d'attirer l'attention de la police. Petit Père est plus clair, les cheveux mi-longs, il a même un air christique, et puis, Maxime le sait, il est dans la merde financièrement.

Petit Père accepte.

Le premier voyage a lieu en juillet. Rendez-vous près du vieux cimetière, aux Pavillons-sous-Bois, en Seine-Saint-Denis. Le parking, plus vaste que la rue à sens unique de Maxime, est idéal pour manœuvrer un camping-car. Chouk se montre rassurant : il apporte l'argent et sera du voyage, en faisant la voiture ouvreuse. Au retour, un autre copain, Bilou, doit escorter la caravane. Chouk, c'est le logisticien du trafic, le GO des « Go slow », ces convois qui se fondent dans la circulation pour passer inaperçus. *All inclusive* : l'argent, la drogue, l'emplacement au camping. Et le camping-car, bien sûr. Petit Père a pu le louer avec la Carte Bleue d'une amie, lui, il n'en a plus. Chouk lui a remboursé les 1 800 € en cash.

Il fait toujours nuit lorsque Petit Père s'engouffre sur l'autoroute, 38 000 € en billets planqués dans le van. Chouk roule en Tiguan, immatriculée dans les Hauts-de-Seine, sa Pénélope à côté. Un couple attire moins l'attention qu'un homme seul. La belle Kabyle algérienne, silhouette de starlette de téléréalité version *Les Anges*, n'a rien à voir avec le 93. Elle vit à Neuilly-sur-Seine, grâce à l'argent de sa famille qui en a suffisamment pour qu'elle et sa sœur soient à l'abri du besoin. Pénélope a rencontré Chouk à Paris quelques années plus tôt. Si seulement elle avait pu tomber amoureuse de quelqu'un d'autre... Ses parents détestent le jeune homme et tout ce qu'il représente, à commencer par ses origines marocaines.

Le camping-car trace sa route au sud. Bordeaux, Madrid, Alicante... Le soleil brûle, mais il faut encore s'armer de patience. Le grossiste a fait monter les prix, ça commence mal. Chouk cherche un plan B. Petit Père ne doit pas s'éloigner. Ses journées, c'est plage et restaurant, jamais loin du camping-car, garé devant un café du bord de mer. Chouk et Pénélope ont pris un hôtel.

C'est bon, Chouk annonce un rendez-vous en Andalousie. Un certain Juan les attend sur les hauteurs de Grenade.

Petit Père comprend que Juan est le chef des Gitans. Il charge des sacs-poubelle d'herbe, franchement, on peut mieux faire pour transporter de la drogue incognito. Le cannabis est planqué dans le double lit du camping-car.

Bilou, tremblant, déclare forfait pour le retour. Chouk fera le job. L'organisation n'a vraiment pas l'air rodée. Petit Père n'a pas assez d'argent pour payer le péage et faire le plein. Rendez-vous à la station-service. Ni vu ni connu, Chouk lui laisse de l'argent dans un paquet de cigarettes.

Frontière passée, autoroute OK, direction Paris, la Seine-Saint-Denis, 1 500 kilomètres au compteur. La drogue est déchargée à Aulnay-sous-Bois, en zone pavillonnaire, chez les parents de Chouk. Petit Père touche sa paye le lendemain, comme prévu, 2 000 € et déjà une nouvelle mission.

En Bretagne, cette fois. Le Morbihan a commandé 10 kilos d'herbe. La course est au même tarif pour Petit Père : 100 € le kilo. Pas de camping-car ni de voiture ouvreuse, il part seul au volant de sa Mondeo, défrayé de 200 € pour le trajet. Il se fait guider au téléphone par Docteur, surnom attribué par Chouk à un ami trentenaire de Bondy, associé sur ce convoi. Petit Père ne sait rien d'autre que ce surnom emprunté à Dr. Dre, toute ressemblance physique avec le rappeur et producteur californien étant cependant exclue. Docteur, de Bondy, est blanc.

Sortie Vannes ouest, jusqu'au parking du Quick. Quatre types attendent sur de puissants scooters, un autre gars, bien plus gros, se tient au volant d'une Opel Vectra. La drogue passe d'un coffre à l'autre, de la Ford à l'Opel. Petit Père récupère l'argent dans un sac-poubelle et reprend la route en chemin inverse, 1 000 € de plus dans sa poche. Une journée rentable. Le baptême du feu est réussi. Ça vaut bien un restaurant avec ses enfants.

Un deuxième voyage en Espagne est prévu fin juillet, au chargement un peu plus consistant. Il faut remonter 50 kilos d'herbe, descendre 100 000 € en cash, la course est réglée 5 000 €. Il peut aussi compter sur 1 000 € d'argent de poche pour la semaine.

De nouvelles têtes apparaissent autour de ce convoi, comme cet homme qui ressemble à Richard Cocciante, le chanteur du tube « Le coup de soleil ». Petit Père est saisi par la ressemblance. Chouk et Pénélope font aussi le trajet.

Un emplacement est cette fois réservé au camping familial El Jardín d'Alicante, palmiers et piscine à 500 mètres de la plage. Petit Père n'en profite pas longtemps, le rendez-vous avec Juan est déjà calé. La drogue est planquée dans les réserves d'eau du camping-car. Pour repartir vers la France, Juan passe devant sur les premiers kilomètres et indique la sortie à prendre d'un coup de clignotant. Petit Père n'a plus qu'à suivre les panneaux jusqu'en France.

À San Sebastian, énorme coup de chaud. Droit devant, les officiers de la Guardia Civil. Personne n'a prévenu, Petit Père en déduit qu'il n'y a pas de voiture ouvreuse. Les officiers n'ont rien senti, rien vu, rien suspecté. Encore une chance que les sacs soient cette fois hermétiques. Merci, mon Dieu ! Petit Père rejoint la Seine-Saint-Denis, comme prévu. Il coupe le moteur au même endroit, touche sa commission et donne 600 € à Maxime. Il commence à rembourser ses dettes, avant de repartir livrer les Bretons, pour la deuxième fois.

Vannes, le Quick, mais cette fois, on lui dit de se rendre dans une cité. Après avoir récupéré l'herbe, le gros, toujours lui, lui remet une boîte à chaussures contenant des chaussettes de montagne remplies de billets. Au retour, le compte n'y est pas. Il manque 2000 €. Petit Père jure qu'il ne s'est pas servi, les Bretons n'ont peut-être pas été très réglo.

Grâce aux premiers voyages, Petit Père a déjà empoché 10000 € et gagné la confiance de Chouk. On lui propose un nouveau voyage et une commission à cinq chiffres : 10 000 € à se faire, une centaine de kilos de drogue à transporter. La fin des vacances scolaires approche, le soleil est encore brûlant sur la péninsule Ibérique. Petit Père loue un camping-car à Arpajon, au sud de Paris, avec la Carte Bleue de sa mère cette fois. Il peut toujours compter sur elle. Il lui a annoncé avoir trouvé du travail, sur des chantiers en Espagne. Un demi-mensonge : il va bien en Espagne et il a bien une mission. Pour ce trajet, en revanche, pas question qu'il garde son téléphone. Il n'a que le « toc » et ne doit répondre qu'à « Polo », le nom est préenregistré dans le répertoire. Encore un que Petit Père ne connaît pas.

Le camping-car se transforme en coffre de banque : 200 000 € en liquide. Chouk et Pénélope font le trajet, là encore, mais au volant d'une voiture de location, on n'est jamais trop prudent. Pour le reste, c'est le même camping, le même fournisseur, le couple restera ensuite en Espagne.

Il y a de l'électricité dans l'air entre les amants. Petit Père a surpris une dispute. Elle est enceinte, Chouk ne veut pas de l'enfant. Pénélope a giflé son compagnon et menacé de tout balancer. Pas franchement rassurant. Chouk dit que ses associés l'emmerdent.

Les sacs sont lourds… Combien de kilos au juste dans ce convoi ? Un quintal ? Moins ? Petit Père n'en sait rien. Il se contente de suivre les consignes de Polo. Lui aussi a la voix rocailleuse. Décidément, Richard Cocciante est partout, à moins que ce soit le même ?

Vers Clermont-Ferrand, Polo appelle, il faut lever le pied, il a 150 kilomètres de retard.

Petit Père se demande qui assure vraiment le convoi. Il a remarqué une BMW qui roulait à la même allure que lui, pendant une bonne partie du chemin. Peut-être qu'on ne lui a pas tout dit. Ou alors qu'il doit s'inquiéter, il aurait été repéré ? Le 93 n'est plus très loin. Il doit livrer à Villepinte, une autre ville de Seine-Saint-Denis, mitoyenne d'Aulnay-sous-Bois. Il est environ 1 heure du matin, reste une dizaine de kilomètres. Il arrive près de chez Maxime, l'envie d'un rail de coke est trop tentante. Petit Père reste clean pendant le voyage, il s'autorise juste un peu d'alcool avant de dormir, la veille des trajets. Rien de plus. Et jamais de cocaïne, ni dans le nez, ni dans le vide-poche, ce serait trop bête de planter un convoi pour quelques grammes de poudre trouvés lors d'un contrôle. Il appelle Polo pour savoir s'il peut faire un crochet rapide chez son pote Maxime. La route a été longue, ce rail, il en rêve.

Pont de Bondy, RN 3, deux fois deux voies, ses garages automobiles, ses buffets asiatiques à volonté, ses magasins de moquette, ses bars à chicha… Le grand M du McDonald's est en vue lorsque le camping-car se trouve pris en sandwich. Trois voitures le bloquent tout net, à l'avant, à l'arrière, sur le côté. Une Corsa verte, un break noir, une voiture rouge… Petit Père aperçoit des plaques d'immatriculation bricolées. Il compte six hommes, taille moyenne, tous maghrébins, un petit au crâne rasé, un avec une crête, deux pistolets automatiques et des couteaux, ça sent très, très mauvais.

Le plus petit, très énervé, le braque et le fait sortir de force. Une clé de bras, on le plie dans la Corsa, en short, un bandeau sur les yeux. Petit Père entend cette phrase : « C'est bon, on a le poto, bien vu sur l'endroit. » La voiture démarre en trombe. « Ça y est, c'est déchargé, tu peux y aller, tu peux emmener le poto. » Le poto, il comprend bien que c'est lui, mais ne sait pas où on veut l'emmener. Il est tétanisé. On le débarque dans une forêt, en Seine-et-Marne, ça touche la Seine-Saint-Denis. Petit Père est mis à genoux, un calibre sur le crâne, frappé, ça ne s'arrête pas. Le commando veut savoir où il a chargé la drogue, pour qui, pour qui, hein ? Les coups pleuvent encore, coups de pied, coups de poing, coups de talon. Il ment, il jure qu'il fait ça pour éponger ses dettes et qu'il n'a jamais vu le commanditaire, comment peut-il savoir qui c'est, il reçoit ses instructions dans une boîte à lettres, c'est tout. On le remonte dans une voiture, un flingue sur la tête, il n'a pas intérêt à aller voir les flics, on sait où vit sa famille. Il est toujours en vie… Il n'y croit pas. Le camping-car est là, enfin ce qu'il en reste. On dirait qu'une tornade est passée : les portes sont cassées, un extincteur a été vidé, il y a de la mousse partout, les sièges sont lacérés, la drogue a disparu.

Petit Père se relève, a mal partout. Il parvient à se hisser jusqu'au volant. Les clés sont là. Il allume le moteur et s'arrête dans la première station-service pour passer un coup de fil. Il compose le numéro de

Maxime… Rien. Celui de son ex… Rien non plus. De sa dernière petite amie… Personne ne répond. Ils doivent tous dormir encore. Alors Petit Père décide de se rendre chez Maxime. Il retrouve sa route, Bondy, la RN 3, Pavillons-sous-Bois, la rue. Il gare le camping-car un peu plus loin.

Le jour s'est levé. Cela fait plus de six heures qu'il aurait dû livrer la marchandise. Il prend un rail de coke et commence à raconter son calvaire, il essaye de donner tous les détails, le braquage, le vol de la drogue, le petit énervé, la forêt, le flingue, il a failli y passer, merde, Maxime !

Mais qu'est-ce qu'il raconte ? Maxime a du mal à croire ce qu'il entend. Ce commando, ce saccage, cette mise à mort font penser à la mafia… On n'est pas dans *Gomorra* tout de même ! Maxime appelle Chouk, en Espagne ; 600 000 € viennent de s'envoler. Petit Père raconte encore, au téléphone, il a même tout écrit sur une feuille. Il n'a pas dormi depuis longtemps. La fatigue, le stress, la peur, la cocaïne – il a enfin pris un rail –, qu'est-ce qui le maintient encore debout ? Maxime le prévient : « Tu as intérêt à dire la vérité sinon ils vont nous passer au fer à repasser. » Arrive Docteur, l'ami de Chouk, celui qui vit à Bondy. Pas de médecin. L'état de santé, on verra plus tard, ou pas, d'ailleurs. Et si Petit Père racontait n'importe quoi ? S'il avait doublé tout le monde ? Maxime est peut-être aussi dans le coup. Les deux quadras sont priés de sortir de la maison et de gagner ce qu'il reste du camping-car saccagé. Petit Père voit arriver un grand

Noir et un petit blond aux yeux clairs, capuche sur la tête, bandana masquant le bas du visage, pistolets automatiques à la main, ils veulent savoir où sont « leurs affaires ». Petit Père et Maxime sont obligés de monter dans un fourgon blanc frigorifique. Ce dernier ne s'est pas trompé.

9 octobre 2014, le cabanon : « Je ne vous veux pas de mal, je m'en vais »

Les poules n'ont pas l'air dans leur assiette, elles ne pondent plus. La chaleur peut-être. Il faut espérer qu'elles n'ont pas attrapé de maladie, ce serait une mauvaise nouvelle à annoncer aux parents, au Portugal pour quelques semaines. Les enfants ont promis de venir jeter un œil à leur maison aux Pavillons-sous-Bois, arroser les plantes, aérer la maison, nourrir les poules, donc, s'assurer que tout va bien.

En fin de journée, l'une des enfants passe avec sa fille de 10 ans. C'est la gamine qui va lever le voile sur le mystère des poules : dans le cagibi du jardin, elle découvre un homme qui survit depuis quelques jours en gobant les œufs crus, et en mangeant quelques tomates du potager.

Stupeur de l'enfant, terreur de la mère… L'homme, qui a l'air mal en point, tente de les rassurer : « Je ne vous veux pas de mal, je m'en vais. »

De quelques gestes embarrassés, la mère alerte le

voisin pour qu'il lui vienne en aide. Le visiteur, hagard, demande un téléphone pour appeler sa femme, la prévenir qu'il est en vie, et qu'elle fasse attention. Appeler la police ? Surtout pas. Il leur dit qu'il a été kidnappé, séquestré, torturé.

Au voisin, il montre ses blessures aux fesses. Il a l'air sous le choc, sursaute au moindre passage de voiture. Il veut de l'aide pour aller chez son médecin, le sien n'est pas loin, à Aulnay-sous-Bois. La mère de famille est sur ses gardes, le voisin l'accompagne en voiture. Ils déposent le visiteur dans le quartier de la gare, à Aulnay-sous-Bois, sans attendre la consultation médicale, qui n'a pas lieu. Le médecin n'est pas là.

Le fugitif se trouve une autre planque, dans la chaufferie d'une école. Il connaît le coin, il sait qu'il pourra se faire soigner dans une clinique, pas très loin. Tout son corps est souffrance, le visage, les fesses, les cuisses, les genoux, les parties génitales. Un médecin extrait de la paille d'une blessure, panse les plaies. Le blessé avale deux sandwiches avant de filer. Il a donné son vrai nom. L'équipe de soignants ignore qu'il s'agit d'un convoyeur de drogue torturé après la disparition de son chargement.

26 janvier 2015 : « J'ai des déclarations importantes à vous faire »

Après le cabanon et la chaufferie, Petit Père saute dans un train, pour partir très loin de la Seine-Saint-Denis chez quelqu'un de confiance. Un ami de la famille l'a conseillé, personne d'autre ne sait où il est. Tant pis s'il s'éloigne de ses enfants. C'est mieux pour eux, mieux pour lui.

Il s'est décidé à aller voir la police. Une phrase tourne en boucle dans sa tête : *Je sais que je risque dix ans de prison et un million d'euros d'amende. Je sais où je mets les pieds et je n'ai aucune garantie de personne de ne pas aller en prison.* Et la prison, même quand on n'y est jamais allé, on sait qu'il ne fait pas bon y entrer avec une étiquette de balance, poucave, donneur, indic.

Tant pis si c'est risqué. Il faut qu'il parle, qu'il raconte ce qu'on lui a fait subir, d'où viennent toutes ces traces qu'il a sur le corps et qui lui font toujours mal. C'est dans un bureau de l'OCRTIS, l'office spécialisé dans la lutte contre le trafic de stupéfiants, à Bordeaux, qu'il finit par s'asseoir.

Le capitaine de police note 26 janvier 2015, 15 h 29.

« Je suis actuellement en fuite. J'ai des déclarations importantes à faire sur un réseau de trafic international de stupéfiants, trafic auquel j'ai malheureusement participé. À cause de ce trafic, j'ai été enlevé, séquestré, violenté et torturé pendant plusieurs jours. Ma vie étant menacée, j'ai réussi à m'enfuir. Je sais que ma famille est menacée et, à ce jour, je ne peux les voir. »

L'entretien dure cinq heures. Petit Père épelle les noms et surnoms, resitue les dates, les quantités de drogue transportées, les numéros de téléphone dont il se souvient encore. Sa déposition s'étale sur neuf pages. Quelques photos sont jointes, des gros plans sur des parties d'un corps dénudé et tuméfié, des plaies qui n'ont toujours pas cicatrisé. On y voit le visage d'un homme au crâne rasé, le nez cassé. Ces instantanés ont été pris par un médecin des urgences, avec un téléphone portable. Des brûlures au deuxième degré sont probables. Le médecin relève aussi une lésion au tympan, deux prémolaires arrachées, un état de stress aigu, et une achluophobie, pour désigner cette peur incontrôlable du noir.

Petit Père dépose plainte contre Chouk, et tous ceux qui ont participé à son calvaire que l'enquête pourra identifier. Il met Maxime dans le lot, convaincu qu'il a voulu lui tendre un piège, bien qu'ils aient été torturés tous les deux.

Les policiers sentent vite qu'il y a du vrai dans l'histoire de ce père de famille, même s'il n'a pas le profil du convoyeur habituel. Il y a bien trace d'un avis de disparition émis le concernant, déposé par son ex-femme en Seine-Saint-Denis, ainsi que de plusieurs locations de camping-car. Reste à tirer le fil pour savoir si tout ce récit est vrai.

« Soit il est mytho, soit c'est un carnage »

La semaine est interminable. Soixante kilos de drogue saisis dans une cité du 93, des « mules » arrêtées à l'aéroport de Roissy-Charles-de-Gaulle, surnom donné aux passagers qui ingèrent la drogue pour la transporter. Le quotidien pour la PJ du 93, au deuxième étage d'un immeuble moderne, rue de Carency à Bobigny. Le groupe qui assure la permanence, sept policiers, dont certains vivent aussi sur le département, en est déjà à sa cinquième nouvelle enquête depuis lundi lorsque le téléphone du deuxième étage sonne à nouveau.

Au bout du fil, pour le commandant Jean-Luc Briançon, chef de groupe aux Stups, c'est encore la division des affaires criminelles du parquet de Bobigny, de l'autre côté de la rue. L'hôtel de police – qui abrite sur trois niveaux le commissariat de la ville, la sûreté territoriale et le Service départemental de la police judiciaire (SDPJ) – fait quasiment face à l'arrière du tribunal de Bobigny, où entrent les prisonniers. Avec ses charpentes métalliques bleu pétard, le tribunal en forme de pièce montée asymétrique, sorti de terre quarante ans plus tôt, rappelle parfois le centre Georges-Pompidou à Paris.

À cinq minutes à pied du terminus de la ligne 5 du métro, station Pablo-Picasso, c'est un peu le quartier d'affaires de Bobigny, ville préfecture de Seine-Saint-Denis, célèbre pour ses cités Karl-Marx, de l'Étoile, de l'Abreuvoir, Paul-Éluard. Pendant longtemps, un centre commercial, Bobigny 2, a joué le rôle de centre-ville dans cette commune de 50 000 habitants. Quelques immeubles ultramodernes ont poussé depuis les années 2000 pour accueillir des administrations et des commerces, dont quelques restaurants bien utiles aux habitués du tribunal et aux jurés, à l'heure du déjeuner.

Dacrido est un acronyme inventé au parquet de Bobigny pour désigner la division des affaires criminelles et de la délinquance organisée, installée au 3e étage du tribunal. Ses neuf magistrats (huit à l'époque) traitent une importante partie des infractions pénales commises sur le département : crimes, stups et proxénétisme 365 jours par an. Ils reçoivent plus d'une cinquantaine d'appels par jour. La Seine-Saint-Denis est souvent citée parmi les départements les plus meurtriers de France. Entre règlements de comptes et meurtres conjugaux, ce sont trente à quarante homicides ou tentatives de meurtre par an. Les affaires de drogue représentent 70 % de l'activité du service, de la petite garde à vue à l'enquête préliminaire au long cours confiée aux différents services de police. De nombreux dossiers criminels trouvent leur origine dans le trafic de stupéfiants ; 70 kilos de drogue, c'est une belle quantité, mais à Bobigny, cela n'a rien d'exceptionnel. À 70 kilos, on ne se dit pas qu'on tient la French Connection.

« C'est un beau dossier qui vient de Bordeaux, un dossier intéressant », insiste la vice-procureure au téléphone. Elle sait que le commandant va râler, elle le connaît, mais ça tombe bien, les Stups sont sa spécialité depuis plus de vingt ans.

L'affaire de Petit Père est revenue comme un boomerang au tribunal de Seine-Saint-Denis. Il a expliqué que le département était le berceau du trafic franco-espagnol et, sans doute aussi, le théâtre de sa séquestration.

À la première lecture, des éléments paraissent plausibles, à commencer par le braquage du convoi de drogue. En Seine-Saint-Denis, on parle même de sport national pour évoquer ces détournements. D'ailleurs, un tonton de la PJ a indiqué qu'un convoi de 100 kilos s'était fait braquer récemment. Info ou intox, personne n'en sait rien encore. Tous les tuyaux ne sont pas exploités, par manque de temps, manque d'indices, ou les deux.

Ce qui est moins banal, c'est qu'un trafiquant dépose plainte en son nom, en détaillant les sévices endurés, les noms de complices. Neuf pages, tout de même… Et, en termes de cruauté, on est dans le haut du panier. « Soit il est mytho, soit c'est un carnage », se dit le commandant Briançon.

Un marathon s'annonce. Plus de six mois se sont écoulés depuis la date des faits dénoncés, il y a des risques que les téléphones ne soient plus en fonction. Les tortionnaires, s'ils existent vraiment, ont tout intérêt à se faire discrets. Surtout que, pour démarrer l'enquête, la PJ n'a que trois numéros : deux pour Maxime et un pour Chouk.

Une information judiciaire est ouverte, le doyen

des juges d'instruction, Philippe Salomon, est saisi. Pour le parquet, c'est Marie-Claire Noiriel qui suit le dossier. Avec quelques années de bouteille à Bobigny, cette magistrate élégante et pugnace, élancée, cheveux courts, est un pilier de la Dacrido. Sa réputation est solide. On la sait bosseuse et redoutable à l'audience, elle connaît les dossiers dans le détail.

Première chose à faire : recontacter Petit Père. Le commandant l'appelle, l'homme est bavard, ça ne fait pas de doute, l'entretien dure deux heures. Avec cette plainte, Petit Père le redit, il sait qu'il prend des risques, il sera placé en garde à vue, c'est inévitable. Mais l'endroit où il vit sera tenu secret, il sera domicilié chez son avocate, rien n'apparaîtra en procédure, c'est promis. Personne ne saura où il vit, pas même le juge.

C'est parti pour des mois d'écoutes téléphoniques. Les enquêteurs « branchent » les lignes désignées dans la plainte. Maxime est facile à trouver. Il vit toujours en Seine-Saint-Denis. Aux oreilles des policiers, le père de famille divorcé, qui travaille sur les chantiers, n'a rien d'un gros trafiquant, plutôt un petit dealeur de proximité, dont les clients gravitent autour d'Aulnay-sous-Bois. Il n'a jamais déposé plainte pour torture.

Chouk, en revanche, est un parfait inconnu des fichiers de la police. Ses parents vivent bien à Aulnay-sous-Bois, mais leur fils n'apparaît nulle part. Pas d'avis d'imposition, pas de compte bancaire. Invisible. Rien, à part ce permis de conduire délivré par la préfecture de Seine-Saint-Denis, c'est déjà un début. La justice italienne l'a cependant dans ses cartons : une condamnation en 2009 à trois années de prison pour un « trafic de drogue international » de cocaïne.

Cinq personnes ont été mises en cause dans cette affaire transalpine, tous originaires de la Seine-Saint-Denis, des jeunes hommes vivant à Bondy et Aulnay-sous-Bois. Pour les magistrats italiens, ces *ragazzi francesi* à bord de deux voitures s'apprêtaient à livrer 1,3 kilo de cocaïne. La justice italienne les a condamnés en 2009 à des peines allant jusqu'à huit ans de prison et 34 000 € d'amende. Chouk a purgé la sienne sous le régime du *piede libero*, une sorte d'assignation à résidence. Il avait plaidé ne rien connaître du trafic. Il accompagnait en Italie des copains qui devaient déposer une « doublette », c'est-à-dire une voiture volée réimmatriculée avec les papiers d'une autre. Pareil pour Afif, un autre condamné de la bande des cinq, qui a écopé de trois ans et demi de prison et 12 000 € d'amende. Les autres se livraient peut-être au trafic de cocaïne, pas eux.

Les écoutes s'élargissent. Au total, sept DVD seront gravés. En guise d'entrée en matière, une valse de surnoms : Bilou, Touneuf, Tarli, Bouba, la Momie... Les flics de la PJ doivent faire preuve de concentration, mais une fois n'est pas coutume, les suspects parlent plutôt correctement. Ça les change des autres affaires.

Une douzaine de suspects sont épiés dans leurs conversations, jusqu'à ce SMS adressé à Pénélope *Tiens, ma chérie, voilà ta recharge de téléphone.* Les policiers se doutent que c'est un code, un stratagème courant chez les trafiquants. Ils décident de changer un chiffre à la combinaison affichée, et tombent sur une autre ligne, bien plus intéressante pour leur enquête.

« Viens écouter ! » lance un enquêteur à son collègue.

Un peu avant Noël 2015, Pénélope s'étonne au téléphone d'avoir été supprimée des amis Facebook d'une certaine Véro, épouse de Juanico, en Andalousie, le fameux Juan décrit par Petit Père.

Cette écoute en entraîne d'autres, l'enquête avance comme un puzzle, pièce par pièce. Chouk, Bouba, Afif, Docteur et Pénélope : un autre club des cinq prend forme, rue de Carency. Le commandant Briançon et son groupe ont même une idée de l'organisation du trafic.

Chouk tient le rôle du logisticien qui organise les convois, ramasse l'argent, recrute le convoyeur pour le compte de plusieurs commanditaires et trouve la marchandise. Les investisseurs réinjectent les bénéfices dans le convoi suivant, toujours plus conséquent. Acheté 2 000 € en Espagne, le kilo d'herbe se revend le triple en France.

Dans la colonne des investisseurs, ils collent la photo de Bouba. Contrairement à ce que son surnom laisse supposer, cet Aulnaysien d'une vingtaine d'années, au visage anguleux, est long comme un tennisman. Il a grandi cité de l'Europe et Chouk lui doit de l'argent, la fameuse dette de poker. Il a un casier, une conduite sans permis à 19 ans, mais pas de trace de stups au compteur.

Afif, de la bande des cinq d'Italie, est aussi dans le collimateur, parfois sous d'autres surnoms, Afo ou le Zient (Tunisien en verlan), mais les policiers sont convaincus qu'il s'agit du même homme. Il est originaire de Bondy et sa famille a déménagé à Villepinte. En plus de l'Italie, Afif a déjà été condamné pour stupéfiants, à Pontoise (Val-d'Oise) en 2006, mais c'est surtout son grand frère qui est connu de la justice. Il a été condamné à onze ans de prison en 2011 par la cour d'assises spéciale de Paris, uniquement composée de magistrats, pour association de malfaiteurs en lien avec le financement d'une mouvance terroriste. Il comptait parmi les seconds couteaux du groupe Cherifi, aussi surnommé « les gangsterroristes » ou « islamobraqueurs », accusés d'avoir voulu financer la cause islamiste par des vols à main armée au milieu des années 2000. En 2005, à Beauvais, une attaque contre un dépôt de fonds a échoué, les explosifs n'étaient pas assez puissants pour pénétrer dans le coffre. Une vidéosurveillance avait permis de dénouer l'enquête et de trouver un arsenal dans un box à Clichy-sous-Bois.

Mais ce grand frère condamné et libéré en 2014 est absent de la galerie qui intéresse la PJ sur cette affaire. Le groupe du commandant Briançon se concentre sur celui que tout le monde surnomme Docteur, présumé « maître d'œuvre » du trafic dénoncé par Petit Père. Son casier atteste qu'il est connu comme dealeur à Bondy. Dernière condamnation en date : quatre ans de prison prononcés en 2013 contre lui à Pontoise pour trafic. Et il connaît Afif depuis longtemps. Soudés depuis l'enfance. Ensemble, ils ont même monté une société civile immobilière qui n'a jamais été très active.

Seule touche féminine de cette galaxie balbutiante, Pénélope ne se contente pas de faire de la figuration, comme le laisse entendre cette conversation écoutée par le commandant en janvier 2016. Elle est en discussion avec Bouba, tout laisse à penser qu'ils parlent de Chouk.

Bouba : Regarde, maintenant à cause de lui, moi je dois de l'argent à des gens, mais je vais les appeler, je vais leur dire, j'vais dire : « Écoutez les gars... tranquille, j'suis un homme de parole. J'vais leur dire la vérité. »

Pénélope : Il a acheté un appartement au Maroc, tu sais, quand il a commencé à faire des affaires avec Docteur et tout...

Bouba : Ouais, ouais...

Pénélope : Eh ben, il a donné de l'argent à son père pour acheter, il a donné 70 000 € pour acheter l'appartement au Maroc.

Bouba : Ouais.

Pénélope : Eh bien il a un appartement là au Maroc, je sais plus si c'est Saïdia... je crois que c'est Saïdia.

Bouba : Ouais, je sais, je sais, il me l'a dit.

Pénélope : Tu crois que ça vient d'où ?

Bouba : ...

Pénélope : Ben réfléchis, ben réfléchis, j'sais pas, à ton avis ? Comment il va sortir cette somme ? Moi j'en suis sûre.

Bouba : C'est avec mon argent ?

Pénélope : Avec toi et les autres là.

Deux mois plus tard, avril 2016, un appel entre Chouk et Bouba donne le sourire aux enquêteurs.

Chouk : Tu pètes les plombs sur moi ! Moi j'ai fait quoi moi ? Moi tu me dis tu es mon pire ennemi. Hey frère, je t'ai fait quoi pour être ton pire ennemi ?

Bouba : Ça sert à rien qu'on discute, parce que toi tu m'as baisé à la confiance. Tu m'as baisé à la confiance. T'es un traître ! Regarde, t'as même trahi le Docteur et Afo !

Chouk : Mais qu'est-ce... j'ai trahi quoi ?

Bouba : Tu peux pas me faire des histoires !

Chouk : Mais vas-y, vas-y ! Ils vont rien me faire ! C'est eux qui nous ont baisés, espèce de *hargoune*. T'es trop bête. Tu crois que pourquoi ils sont morts de rire ? C'est qui alors qui nous a baisés ? Tu crois que c'est qui alors ? Sur le Coran, t'es vraiment bête [...].

Dans la police, on a coutume de dire que « plus c'est le bordel dans un trafic, plus on en apprend ».

Une dinguerie

Les suspects ont baissé la garde. Il n'est pas seulement question de quelques convois de drogue, passés ou à venir. La séquestration de 2014, décrite par Petit Père dans sa plainte, affleure dans les bavardages. Chouk est au téléphone avec A., un ami.

Chouk : Je te parle du sale de très longtemps là, une dinguerie, une dinguerie, c'est pourquoi je t'ai dit que c'était un truc de ouf, hein...

A. : Ils vont le payer, mon frère.

Chouk : Ah ouais, de toute façon, ils sont morts eux, ces gens-là, ils sont morts dans le film, je te le dis tout de suite.

A. : Mais le mec, il s'est relevé ou pas ?

Chouk : Ouais, mais il va très mal.

A. : Il a encore mal ?

Chouk : Ah ouais il va très mal, en tout cas, il s'en rappellera toute sa vie.

A. : Chaise roulante ?

Chouk : Ouais presque.

A. : Ah, c'est des fils de pute.

Deux jours plus tard, un nouvel appel :

A. : Mais ça s'est passé comment, le mec il s'est fait péter ?

Chouk : Non... blata, il est venu, il a dit ouais il s'est fait « québra »... blata, il a dit qu'il s'est fait « québra » et tout, ils lui ont dit : « Ah OK d'accord », ils lui ont dit : « Viens voir vite fait avec nous » et ils l'ont pris, ils lui ont niqué sa mère des trucs de fou pendant longtemps et après... jusqu'à ce que moi je suis venu le délivrer, frère.

A. : Pendant combien de temps ?

Chouk : Trois jours.

A. : Pfff...

Chouk : Vraiment du sale, sale, sheitan, oublie.

La torture, les séquestrations, on y vient. Ce qui était arrivé « au mec » colle avec ce qu'a raconté Petit Père. Chouk, un libérateur, vraiment ?

Pénélope donne un coup de fouet à l'enquête. En mars 2016, toujours au téléphone avec Bouba, des noms sont lâchés.

Bouba : Le plus bonhomme d'entre tous, c'est Afo, hein ? Je te le dis, hein ! C'est pas... le Docteur, il est un peu comme nous. Il vole pas... ! wallah t'inquiète pas, moi je l'ai fréquenté Afo... On a eu des problèmes, je sais qui voulait aller dans les problèmes et qui voulait pas y aller, hein, t'inquiète pas !

Pénélope : Non il est gentil Afo, hein ! C'est un mec sérieux, il est là, il trompe pas sa femme, il s'occupe de sa famille, il travaille ! C'est un homme !

Bouba : Ouais, exactement. C'est un vrai bonhomme dans tous les sens du terme.

Pénélope : C'est vrai.

Bouba : Il porte ses couilles ! Parce que quand il y

avait des problèmes, il y avait que lui et moi, hein ! Je t'explique tout de suite hein !

Pénélope : Ouais je sais et d'ailleurs, toi, j'ai été choquée !

Bouba : Hein ?

Pénélope : J'ai été choquée ! Film d'action !

Bouba : Pourquoi ?

Pénélope : Parce que j'ai été choquée ! Quand il me racontait tu sais, je le croyais pas ! Pour moi, c'est un truc de fou ! Il me disait : « toi, ça, l'autre, ça », j'ai dit oh, la la, c'est un film à la télé, ça !

Bouba : Ouais après laisse tomber hein... c'est...

Pénélope : Moi je vois ça à la télé, perso, non ? Je lui ai dit ça, il m'a dit : tu le connais mal hein !

Bouba : Ouais laisse tomber, mais moi j'aime pas tout ça, j'ai horreur, j'ai horreur, j'ai horreur, j'aime pas, j'aime pas, je veux pas ma vie... ça ! C'est de la merde, wesh, c'est des conneries, moi je veux juste... vas-y laisse tomber, laisse tomber !

L'heure des arrestations a sonné. Bouba est arrêté à Alicante. Il s'est mis au vert en Espagne, pour s'éloigner d'Aulnay-sous-Bois, après avoir tiré dans les jambes d'un homme qui s'en était pris à son petit frère. Juan est interpellé à Almeria. Afo est attendu à sa descente d'avion, au retour d'un séjour en Malaisie avec sa femme. Maxime, Chouk et Docteur sont arrêtés en Seine-Saint-Denis. Docteur n'a pas encore purgé la peine de prison prononcée à Pontoise. Il est en semi-liberté quand les policiers lui passent les menottes. Sur lui, les clés d'une Mégane volée dont les trappes sous le plancher renferment de la drogue, du cannabis et de la cocaïne, 1 kilo en tout. « Trafic de drogue international et tortures, ils ne s'en sortiront pas, ils le savent », soupire un avocat du dossier. Il découvre les mois d'enquête et ces écoutes bien compromettantes pour les suspects. L'affaire sera jugée en deux temps : d'abord le trafic, ensuite les tortures avec quelques accusés de plus. Aux deux procès : Chouk, Bouba, Docteur et Afo.

Février 2018, froid glacial à Bobigny

Bobigny est sous la neige. Une vague de froid vient de s'abattre sur la France, de celles qui transforment en un rien de temps le parvis du tribunal de Bobigny en patinoire. Le procès qui s'annonce ne sera pas retranscrit, en dehors de la cinquantaine de pages de notes d'audience. Dans la salle, ce matin de février, pas un journaliste. L'affaire est passée sous les radars médiatiques. Au palais de justice de Seine-Saint-Denis, les audiences « spéciales », comme on appelle ces procès consacrés à une seule affaire, ne le sont plus vraiment. Elles s'inscrivent dans l'ordinaire de cette juridiction surchargée.

La présence parmi les prévenus d'un passeur torturé n'a pas fuité. Ici, Petit Père n'est pas considéré comme une victime. Même si c'est un prévenu particulier, il est convoqué pour être jugé sur sa participation au trafic. L'ambiance glaciale ne tient pas seulement à l'animosité entre les détenus, emprisonnés depuis bientôt deux ans pour la plupart, mais aussi au chauffage en berne. Les familiers de Bobigny ont beau être habitués aux aléas climatiques intérieurs, aux infiltrations d'eau dans les salles d'audience, la semaine s'annonce rude.

Ils sont plus d'une vingtaine à l'audience, onze prévenus et presque autant d'avocats, du barreau de Seine-Saint-Denis et de celui de Paris, commis d'office pour la plupart, dans la salle réservée par la 13e chambre correctionnelle, la section spécialisée dans les affaires de stupéfiants. Les juges sont familiers des usages et des fulgurances sémantiques relatifs à cette économie qui en Seine-Saint-Denis n'est plus souterraine depuis longtemps… Si la quantité de drogue saisie était apportée à chaque procès, le tribunal flotterait en permanence sur un nuage de cannabis.

Mais dans cette affaire aucune saisie, hormis le petit kilo trouvé dans la trappe de la voiture dont Docteur avait les clés au moment de son arrestation. Le trentenaire de Bondy est dans le box avec Chouk, Afif, Bouba et Juan. L'Andalou est là aussi, bien qu'il ne se soit jamais rendu en France dans le cadre du trafic qu'on lui reproche. Il a fait un aller simple pour la maison d'arrêt de Villepinte.

Les deuxièmes et troisièmes couteaux comparaissent libres. Petit Père est sous escorte policière, une précaution pour sa sécurité. Il est le seul à n'avoir jamais mis un pied en prison au cours de l'instruction. Le juge l'a mis en examen sous contrôle judiciaire. Il faut dire que Petit Père a une place bien à part : c'est lui qui a dénoncé le trafic. Même Maxime a passé trois mois derrière les barreaux. Le casting est plutôt inhabituel pour la 13e chambre. Outre la moyenne d'âge relevée par la présence des quadragénaires, ils présentent plutôt bien dans l'ensemble, articulent poliment des phrases entières. Les juges de la 13e sont habitués à davantage d'arrogance.

Petit Père n'est pas en position de force. Le tribunal lui refuse le huis clos, estimant qu'il n'y a pas de risque si la porte reste ouverte au public, ni aucun élément portant atteinte à la dignité des personnes jugées. Ce ne sont pas les tortures qui sont jugées, seulement le trafic de drogue.

Chouk n'a pas d'avocat. Soit il a oublié de régler des honoraires, soit c'est du bluff, un joueur de poker n'est pas à ça près. Il met tout de suite les trois juges à l'aise : « Avocat ou pas avocat, je veux être jugé au plus vite. » Pas de jurés en correctionnelle, mais trois juges et la procureure, Marie-Claire Noiriel, qui suit l'affaire depuis le début. À Bobigny, en général, les magistrats du parquet suivent l'affaire de la scène de crime jusqu'au procès.

Premier à la barre, Petit Père rembobine. Trafiquant, oui, mais victime aussi : « J'ai dénoncé les faits en 2015, je suis en détresse mais sevré de mes addictions, je prends conscience du mal que j'ai fait à ma famille et du mal que j'ai subi. Je suis importateur de stups, ce n'était plus possible de vivre ainsi et je voulais mettre à jour les personnes qui m'ont fait subir ces violences. » Ses dettes, son addiction, le camping-car, l'Espagne, le Morbihan… Il raconte ses voyages, dans l'ordre, reste plus de trois heures à la barre, debout devant les juges, et conclut par des regrets. « Je comprends les peines que j'encours, il n'y a pas un matin où je ne regrette pas ce que j'ai fait, si je pouvais remonter le temps… »

Davantage que ses regrets, ce qui intéresse le tribunal est de déterminer l'implication de tous ces hommes dans ces trafics à tiroir où Chouk tient, au regard de l'enquête, un rôle capital. Depuis le box, il se défend comme il peut, sans avocat, donc : « J'ai organisé l'achat, mais je n'ai pas investi, des personnes me prêtent l'argent, je leur rembourse et je leur dis qu'ils peuvent gagner des bénéfices à la revente. »

Le poker, la dette, il devait 10 000 € à Bouba, à l'époque du cercle de jeu dans le sud de Paris. « C'est là-bas que j'ai fait la connaissance de Bouba, et c'est le début de l'histoire », explique le trentenaire. Le choix de l'Espagne ? C'était pour le prix de l'herbe. Il avait remarqué que les camping-cars se faisaient moins contrôler sur la route. Quand il a vu Petit Père chez Maxime, il s'est dit qu'il tenait le parfait touriste. Il est disert mais ne donne pas de nom. « Je ne suis pas investisseur, jure-t-il, estimant que dans dix ans l'herbe sera légalisée en France. » « L'herbe, c'est légal aux États-Unis, la France a dix ans de retard, du travail, on en manque en plus. L'État, pourquoi il vend des feuilles de tabac? ça vend du matériel pour cultiver, c'est hypocrite. »

« Si j'avais eu de l'argent, j'aurais payé ma dette, dit-il. La première importation, j'investis 38 000 €, je ne peux pas vous dire d'où cet argent provient. »

Vingt kilos pour 38 000 € la première fois, 50 kilos la deuxième, 72 la troisième. Il aurait dû toucher sa part après ce troisième convoi, à parts égales avec les autres investisseurs, cinq en tout. Lesquels, alors?

Bouba en est. Il l'assure: « Les trois importations, je les reconnais. J'ai récupéré ma mise après le premier voyage, c'est moi qui ai tout mis. » Il assume, tout, trop... « Comme Jésus, il assume tous les péchés des autres », pense un avocat. Pas ceux de Chouk, manifestement. L'entente n'est plus cordiale dans le box. Bouba s'en prend à Chouk, trop de mensonges, il lui en veut. Il faut les séparer et veiller à les tenir éloignés les jours qui suivent.

Afif et Docteur, en tout cas, souhaitent garder leurs distances. Revendeurs peut-être, commanditaires, sûrement pas. Les deux amis d'enfance reconnaissent s'être fournis auprès de Chouk pour quelques kilos seulement. « Deux kilos au premier achat, la deuxième fois, trois kilos. Je les lui ai rendus d'ailleurs, c'était de mauvaise qualité », précise Docteur qui assure avoir déboursé 5 000 € le kilo. Acheter au plus offrant ne garantit pas la meilleure qualité du marché.

C'est justement pour s'enquérir de ce que devenait sa commande que Docteur serait allé questionner Petit Père, après le braquage en 2014, chez Maxime.

« Chouk m'appelle d'un téléphone étranger en me disant qu'il ne peut pas trop parler au téléphone mais que je peux aller chez Maxime pour avoir des détails. J'ai vu Maxime, j'ai écouté ce qu'a dit Petit Père et c'est tout. Et si j'ai dit : "Je vais en référer à mes amis..." mais c'était pour dire Chouk. » Le choix du pluriel laisse entendre autre chose.

Il se souvient qu'il était énervé, que Petit Père était paniqué, mais assure être resté calme. « On peut parler calmement et être contrarié », fait-il remarquer au tribunal. C'est lui qui a récupéré Chouk à l'aéroport d'Orly à son retour d'Espagne, sans se rendre dans l'appartement où Maxime et Petit Père étaient torturés. Pour prouver sa bonne sa bonne foi, il produit un ticket de Carte Bleue d'achat dans un supermarché, horodaté du jour de la séquestration.

Même si ce procès n'est pas dédié aux actes de torture et de barbarie, il en est question en permanence. Être condamné ici, c'est partir avec un sérieux handicap au procès d'assises qui suivra. Qui d'autre que les investisseurs spoliés pouvait avoir intérêt à torturer Petit Père une fois la marchandise disparue ?

Afif est méconnaissable. Le père de famille, le plus petit du box et plus trapu de tous, a perdu 15 kilos depuis qu'il est emprisonné. Il admet avoir acheté de la drogue à Chouk, à deux reprises, il pensait que c'était de l'herbe de bonne qualité, de la melone. « Des herbes nouvelles avec des arômes, explique-t-il au tribunal. Chouk m'a ramené un échantillon, j'ai pris 1 kilo, ensuite un kilo et demi mais j'ai arrêté. »

Il aurait empoché 1 300 € à la revente. La justice le questionne sur son train de vie, un voyage en Malaisie, l'achat du pavillon... Les vacances étaient offertes par sa sœur, dit-il, et sa maison, achetée grâce à un prêt de sa belle-famille. Il accuse Chouk d'avoir monté la tête des uns et des autres... Chouk a un temps soupçonné Afif d'avoir participé au vol du convoi. Lui aussi en veut à Chouk.

Le doyen du box, Juan, n'endosse pas non plus le rôle de grossiste. Il n'était qu'un intermédiaire, jure-t-il, rétribué à la quantité vendue, 100 € le kilo, même tarif que Petit Père en somme. « Je savais où trouver de l'herbe, explique par la voix d'un interprète l'Espagnol de 41 ans. J'ai les contacts nécessaires pour trouver du cannabis. » Père de quatre enfants, et déjà grand-père, il est issu d'une famille gitane du quartier de la Chanca à Almería, et préfère donner l'image d'un bosseur. Orphelin de père, il a commencé à travailler à 12 ans, et rembourse le crédit pour sa maison. Alors, grossiste ? Un détenu au comportement exemplaire, puisqu'il a rejoint le programme « Respecto » à la maison d'arrêt de Villepinte, réservé aux cent quarante détenus qui filent droit. C'est la première maison d'arrêt de France à tenter l'expérience. Une carotte pour les détenus modèles, un pari sur la réinsertion. En échange, ils ont plus de liberté en journée entre les quatre murs de leur bâtiment et disposent des clés de leur cellule. Juan en profite pour apprendre le français.

Polo reste un mystère. Personne ne veut dire qui il

est, s'il est dans la salle, dans le box ou ailleurs. Petit Père ne retrouve pas de sosie de Richard Cocciante, et Maxime se contente du minimum. Il ne connaît que Chouk et Docteur. « Dans le commerce de stupéfiants, les gens ne dévoilent pas leurs cartes », souffle un prévenu.

Pénélope arrive enfin dans la salle. Elle s'est fait porter pâle à l'ouverture, son avocat a fourni un certificat médical pour justifier son impossibilité de participer au procès sans vraiment convaincre. La procureure a réclamé l'avis d'un médecin assermenté par la justice. Après avoir rencontré la jeune femme, celui-ci a estimé qu'elle ne mettait pas sa santé en danger si elle quittait son lit pour aller à Bobigny. Le moins que l'on puisse dire est que Pénélope ne fait pas valoir son droit au silence.

« Les associés, c'est Afo, le Docteur et Bouba, c'est ce que Chouk m'a dit, assure l'ex-petite amie. C'est lui qui m'a dit de tout dire et lui gardait le silence, moi j'ai rien à voir dans l'histoire, alors je dis tout. J'ai rien à me reprocher, je regrette d'être tombée amoureuse. » Ce n'est pas tous les jours que l'amour s'invite à la 13e.

Elle n'ignorait pas le trafic. Si elle accompagnait Chouk, c'était un instinct d'amoureuse, de peur qu'il la trompe. « Je fermais les yeux sur son trafic, j'étais amoureuse », dit-elle encore, consciente qu'il lui a fallu batailler contre sa propre famille. Pour les parents, son fiancé est un voyou, un sorcier. C'est elle qui l'entretenait, la fille née « avec une cuillère en or dans la bouche » grâce, assure-t-elle, aux investissements immobiliers prospères de ses parents.

Son enfance, c'était villa-piscine à Alicante. Elle est arrivée en France pour étudier et vit toujours à Neuilly-sur-Seine, banlieue huppée de l'ouest parisien, elle n'a pas besoin de travailler, l'appartement est à son nom. Un profil peu habituel pour les juges de la 13e. Et Petit Père avait vu juste, Pénélope était enceinte de Chouk, et oui, elle a avorté et menacé de le dénoncer aussi, « il me traitait mal ».

Une histoire d'amour à l'imparfait. Tout est fini entre eux. À la barre, la belle qualifie son ex de « menteur », « manipulateur », « beau parleur », « il volait ses associés », « il m'a manipulée pour que je parle et lui il s'est retiré ».

Elle se fait traiter de menteuse en retour par un avocat de la défense, car les dates ne collent pas. Elle indique avoir gardé les enfants d'Afif en 2014, alors que le deuxième enfant de celui-ci venait tout juste de naître. Confier son nourrisson ? impossible, rappelle l'avocat.

Bouba traite Pénélope d'« hystérique manipulatrice ». Mais affirme aussi que Chouk ment. Les juges s'accrochent, Chouk s'énerve : « C'est ma copine qui a volé mes affaires ! C'est son père qui a envoyé des gens pour casser le nez de Petit Père, ils sont où ces gens-là ? »

Alors on relit des écoutes téléphoniques, encore une fois. Ces deux conversations d'août 2015, où Pénélope parle au téléphone avec sa mère. Elle s'inquiète de la disparition d'un téléphone et de sa propre sœur, qui « menace de tout révéler » à Chouk et à son équipe, et que, si c'est le cas, « ça part au drame ».

Pénélope : Elle [*sa sœur*] me l'a pris sous une menace de tout révéler à Chouk ! Voilà, donc je sais que ça vient d'elle ce coup !

Mère : Le téléphone blanc, on l'a jeté !

Pénélope : D'accord mais je vais te dire une chose, ne me dis pas : « On l'a jeté », je suis pas bête, elle [*sa sœur*] a pris des contacts pour essayer de foutre la merde ! Mais cette histoire, si elle fait quoi que ce soit, ça va partir au drame toi-même tu sais ! On va tous y rester ! Moi je vais essayer de me défendre.

Mère : Qu'est-ce qu'elle a fait ?

Pénélope : Bah... un ancien message, quand t'étais encore là, en menaçant de tout révéler à Chouk et à son équipe... donc le téléphone blanc, si elle l'a jeté, elle était en train de le manipuler, c'était pour prendre des contacts, mais si elle révèle quoi que ce soit, je vais me défendre, maman, on est bien d'accord ! En fait le drame, je te dis, à vouloir prendre des contacts pour révéler ce qu'on a fait à Chouk, c'est grave ça, c'est très grave !

Sa mère la traite de folle.

Pénélope : Ouais je suis folle, mais maintenant pourquoi t'as jeté mon téléphone ?

Mère : J'ai jeté ton téléphone parce qu'avec toi et ta bande de voyous, je sais pas ce que vous faites et je veux pas de vos téléphones à la maison ! Voilà, je l'ai jeté !

Pénélope : J'y crois pas à ça ! J'y crois pas une seconde à ça !!

Pénélope et sa mère hurlent, Pénélope dit à sa mère qu'elle a perdu une fille, sa mère lui dit qu'elle ne veut plus d'elle.

Une autre écoute. Deux jours plus tard, Pénélope est au téléphone avec son père, toujours au sujet de la sœur et de ce qu'elle a pu dire à Chouk.

Pénélope : Elle a envoyé des messages, je suis sérieuse avec toi, hein. Donc je sais pas ce qu'elle... ce qu'elle cherche !

Père : Qu'est-ce qu'elle lui a dit ?

Pénélope : Allô ?

Père : Qu'est-ce qu'elle lui a dit ?

Pénélope : Elle lui a dit : « J'ai des choses à dire à Chouk, je le cherche partout, à Chouk et à toute son équipe, j'en ai marre, il faut que je lui révèle des choses. »

Père : Elle va rien faire du tout parce que je vais la tuer ! C'est pas des choses qu'on révèle ça ! OK ?

Pénélope : Bah... elle l'a fait !

Père : Elle a pas intérêt à révéler ça parce que je serais obligé de le descendre ! Voilà.

Pénélope : Hein ?

Père : J'ai dit elle a pas... c'est pas des jeux, ça, c'est pas des... jeux ! D'accord ?

Pénélope : Bah... elle joue avec ça, après Chouk, il est curieux, il veut savoir ce qu'il se passe, elle éveille sa curiosité, c'est normal.

Père : Tu lui dis, il va se faire voir, dis-lui : « Qu'est-ce qui se passe enculé de ta race ! » « Tu nous fais faire la guerre et tu... enculé de ta race ! » Il ferme sa gueule celui-là. Je vais lui couper sa race...

Pénélope : Ouais mais...

À la barre du tribunal, Pénélope indique qu'il s'agit d'un « litige féministe entre sœurs ». Sa sœur aurait voulu la salir auprès d'amis communs car elle avait trompé Chouk... La jeune femme n'est plus revenue au procès les jours suivants.

Le froid est intenable dans la salle. Chouk, qui souffre d'une maladie inflammatoire, ne tient plus debout. Le procès continue sans lui. Bouba ne se sent pas bien non plus, son avocate réclame un médecin. On apporte un thermomètre : il fait 15 degrés. Deux chauffages sur quatre sont HS. Deux convecteurs d'appoint sont branchés, mais n'apportent pas grand-chose. Tout le monde déménage, on change de salle.

Moment inoubliable du procès, les excuses de Bouba. Il s'adresse à Petit Père et à Maxime. « Sincèrement, ce qui est déplorable dans cette histoire, c'est les deux victimes séquestrées pour rien, ils n'ont rien à voir avec le vol », insiste-t-il avec une sincérité qui marque toute l'assistance.

« J'ai 30 ans, je n'ai rien, je n'ai pas d'enfant, comment me projeter dans l'avenir ? Je sais qui je suis, je n'ai pas balancé, j'ai des principes. Le prix de la sentence, ça va pas apaiser ma conscience [...]. Je vais pas devenir l'abbé Pierre, mais je suis dans un processus de réhabilitation, je fais un travail envers moi-même, j'ai mis mes capacités à mauvais escient, que voulez-vous que je vous dise ? Pour les victimes, je m'excuse. Je m'excuse auprès de vous, dit-il en regardant le tribunal. Pas pour réduire ma sentence, mes vraies excuses, c'est pour les deux séquestrés. »

Petit Père lui répond : « J'ai entendu tes excuses mais je ne peux pas te pardonner.

— C'est normal.

— C'est pas possible de te pardonner, mais je suis apaisé, il va me falloir beaucoup de temps, merci. »

Tous coupables. La procureure et les juges sont d'accord.

Le couperet tombe : jusqu'à sept ans de prison ferme. Pour le tribunal, il s'agit d'une « organisation chevronnée ».

« Élément central » de ce trafic international de stupéfiants, Chouk est condamné à six ans de prison et 150 000 € d'amende. « Une peine très en deçà du maximum légal encouru qui tient compte de la nature de la drogue importée, même en quantité très importante, et doit permettre une hiérarchie avec les condamnations pour le trafic de drogues dites dures », justifie le tribunal dans ses motivations. Les peines d'amende visent à sanctionner un trafic « particulièrement lucratif ». Le montant total réclamé frôle les 400 000 €.

Reconnus co-investisseurs sur les importations de 2014, Afif et Docteur sont condamnés à cinq ans et sept ans de prison, confiscation de biens pour Afif, 100 000 € d'amende pour Docteur.

Bouba, qui n'est pas en récidive mais a joué un rôle majeur dans ce trafic qui « gangrène le département de la Seine-Saint-Denis », est condamné à quatre ans et 40 000 € d'amende. Quatre ans de prison aussi pour Juan, dont la moitié de sursis. C'est le seul des cinq susceptible d'être libéré rapidement, il a déjà passé plus de six cents nuits derrière les barreaux.

Il peut rejoindre sa femme et ses filles en Espagne quelques jours plus tard, après un séjour inattendu par le centre de rétention administrative. Bien que ressortissant européen, il était sous le coup d'une obligation de quitter le territoire français à sa sortie de prison.

Deux mandats d'arrêt sont décernés contre Pénélope, condamnée à trente mois de prison et 40 000 € d'amende, et un prévenu bordelais, condamné à trois ans de prison et 20 000 € d'amende, tous deux absents lors du délibéré.

« Elle ne semble pas avoir fait bon usage de la chance dont elle disposait dans la vie, dont la majorité des prévenus de cette affaire n'a pas bénéficié », estiment les juges au sujet de Pénélope.

Maxime aussi a été condamné à trois ans de prison, dont deux avec sursis et mise à l'épreuve.

Petit Père continue d'attirer les regards. « On savait

tous que ce n'était pas le vrai procès, se remémore un avocat de la défense. On regardait tous Petit Père, on l'écoutait répondre, ses réponses étaient précises, on se demandait comment l'attaquer aux assises, et là quand on l'a entendu, on s'est dit qu'il était solide et que ce serait compliqué. »

Petit Père a été reconnu coupable de trafic international, mais dispensé de peine. « Il a payé ses agissements délictuels par les souffrances physiques et un bouleversement de sa vie personnelle considérable. Cette affaire constitue d'ailleurs à elle seule la parfaite démonstration de la dangerosité du trafic de stupéfiants, indépendamment des risques judiciaires, compte tenu de la violence intrinsèque à ce milieu et que semblait ignorer Petit Père avant d'en payer le prix fort », ont estimé les juges du tribunal correctionnel de Bobigny. Sa démarche « visant à assumer ses responsabilités en dénonçant les faits, quelques mois après les avoir commis, aux services de police, le courage qui a été nécessaire pour mettre en cause les commanditaires ainsi que la confirmation des déclarations devant le tribunal sont le signe d'une force de caractère, d'un réflexe citoyen et d'une droiture qui le distingue des délinquants d'habitude ». Petit Père échappe à la prison. Il a gagné.

Afif a voulu faire appel, mais sa demande n'est pas parvenue dans les temps. Sa condamnation est donc définitive, comme celle des autres.

Petit Père repart soulagé par le portillon à l'arrière du tribunal (l'accès réservé aux professionnels) qui donne sur la rue de Carency et les locaux de la PJ. Arrivé une semaine plus tôt comme un trafiquant, il sort avec l'âme d'un repenti. Lorsqu'il reviendra, ce sera en tant que victime, une bonne fois pour toutes. Juger d'abord le volet stupéfiants a le mérite de clarifier les choses.

Il passe la porte, tout près du PC de sécurité, avec son avocate Anne-Charlotte Mallet, escortés d'agents de police. Ils font une dizaine de pas jusqu'au portillon, leurs regards butent sur une voiture à l'arrêt, avec plusieurs hommes à bord. Ils en distinguent quatre. Les deux à l'arrière, fenêtre ouverte, bras posé sur la portière, les observent. S'agit-il d'une simple coïncidence ou d'un guet-apens armé ? En un rien de temps, les policiers font reculer Petit Père et son avocate à l'intérieur du tribunal. La voiture redémarre sur-le-champ.

Été 2018, les Bleus en huitièmes de finale

À Bobigny, il y a deux salles d'assises. Cela défraye rarement la chronique mais c'est une singularité en Île-de-France. Paris mis à part, c'est la seule juridiction à disposer de deux sessions d'assises. Cela permet d'accueillir davantage de procès, des appels de tout le ressort de la cour d'appel de Paris, comme ce génocidaire rwandais pour qui il a fallu percer une porte dans le box afin de faire passer le fauteuil roulant. Deux cours d'assises, cela signifie deux fois plus de greffiers mobilisés, deux fois plus de magistrats du parquet et du siège, des assesseurs qui mettent en *stand-by* leurs dossiers et audiences, le temps du procès, et bien plus de probabilité pour les habitants de Seine-Saint-Denis d'être tirés au sort comme jurés.

Ces salles sont l'une au-dessus de l'autre. Une en bas, pile en face de l'entrée, et la seconde, à l'étage. En ce mois de juillet 2018, un procès à fort retentissement médiatique est organisé dans la grande salle du bas. Une intervention de police a dégénéré cinq ans plus tôt, dans un quartier de Villemomble. Une mère de famille a été éborgnée par un éclat de grenade de désencerclement de la police, l'intervention de police a été filmée par plusieurs voisins de la barre d'immeubles.

Plusieurs fonctionnaires de la BAC sont jugés. La salle est comble, les journalistes, policiers, voisins de la victime, militants associatifs se serrent sur les bancs de bois. À l'étage, l'autre salle qui doit accueillir l'affaire des actes de torture et de barbarie subis par Petit Père et Maxime est vide.

Cette fois encore, l'affaire est passée sous les radars médiatiques. Le passeur torturé n'intéresse pas encore grand monde, l'affaire n'a pas été ébruitée. Et, finalement, le procès n'a pas lieu.

« Le président nous a dit : "Il y a un petit problème" », se souvient un avocat, qui imagine alors un retard d'escorte. À Bobigny, c'est fréquent. D'autant que, pour ce procès, il faut extraire les accusés de plusieurs prisons franciliennes et les conduire jusqu'à Bobigny, même avec un gyrophare, ça peut prendre du temps. Pourtant, les prisonniers sont tous là, ils patientent au dépôt du tribunal, deux niveaux plus bas.

Personne ne se doute que « le petit problème », ce sont les jurés, trop peu nombreux pour que le procès ait lieu. Encore un inédit à mettre au palmarès de cette juridiction. Les avocats, qui se sont tous organisés pour gérer à distance l'activité de leur cabinet pendant deux semaines, n'en reviennent pas. Même les plus aguerris sont éberlués.

Pour composer un jury de cour d'assises, il faut six jurés en première instance et neuf en appel. Ce sont des hommes et des femmes vivant sur le département, de nationalité française, et inscrits sur les listes électorales. Ils doivent savoir lire et écrire le français, avoir au moins 23 ans, et pas de casier judiciaire. Ils ont droit à une indemnisation journalière, un peu moins de 100 € par jour, s'ils sont tirés au sort. Ils siègent aux côtés de trois magistrats, le président et deux juges assesseurs, en poste dans la juridiction.

Et pour que six jurés occupent l'estrade, il faut un quorum de plus de vingt personnes avant le tirage au sort. Des jurés suppléants doivent pouvoir relayer les absents en cours de procès. La défense et l'avocat général – qui représente le ministère public – ont le droit de récuser des jurés, au moment du tirage au sort. La défense peut en récuser quatre au maximum, le parquet, trois. Or, ce matin du 26 juin, seulement seize jurés potentiels se sont présentés.

Ce n'est pas tout à fait une surprise. Le président et le parquet l'ont constaté la veille, à l'occasion de la révision de la liste des jurés. Cette matinée précédant le procès permet de compter les jurés, de vérifier qu'ils sont en capacité de siéger, n'ont pas de casier et maîtrisent suffisamment le français. C'est aussi l'occasion d'expliquer le déroulement d'un procès, d'examiner les éventuelles demandes de dispense, en cas de déménagement hors du département, par exemple, ou pour les plus de 70 ans.

Une maladie ou un impératif de travail peuvent se discuter. Le resquilleur s'expose à une amende de 3 750 €, le montant maximum prévu par la loi.

« La cour ne nous a rien dit, le président s'est excusé auprès des jurés présents et s'est retiré avant même que les accusés montent du dépôt. C'était à nous d'expliquer ça à nos clients ! C'est hallucinant ! On a dû aussi leur dire qu'on ne savait pas quand ils seraient jugés, en tout cas pas avant plusieurs mois », commente un avocat.

Les jurés ne connaissent en théorie rien des crimes qu'ils auront à juger, à moins qu'ils regardent le « rôle » affiché à l'entrée, une sorte d'agenda désignant en dessous des noms des accusés les chefs d'accusation, en l'occurrence : « actes de torture et de barbarie ».

Le président a-t-il accordé trop de dispenses ? Un avocat se demande s'il n'y a pas un effet Coupe du monde. Ce 26 juin, les Bleus sont bien partis pour prendre la tête de leur groupe. Ils disputent leur troisième match de poule contre le Danemark. Le procès, prévu sur neuf jours, tombe mal pour les supporters de l'équipe de France. Entre Didier Deschamps et Petit Père, certains jurés ont peut-être fait leur choix.

Une bonne partie d'entre eux « n'étaient plus domiciliés dans le ressort ou encore condamnés », détaillera plus tard le président dans une note interne, « outre les dispenses accordées par la cour pour des motifs personnels, médicaux ou professionnels ». « Situation malheureusement récurrente à la cour d'assises de Bobigny », a-t-il jugé utile de préciser. Il n'empêche, un procès annulé faute de jurés, c'est une première.

Le rendez-vous n'est pas perdu pour tout le monde. Petit Père, plus que jamais sous escorte policière, a pu revoir l'un de ses fils. Ils ne s'étaient pas serrés dans les bras depuis quatre ans.

24 JANVIER 2019, UN JURÉ RECONNAÎT SES VOISINS DANS LA SALLE

C'EST le jour J. Sept mois après la Coupe du monde, le procès d'assises est reprogrammé. L'affaire est désormais connue des médias. Rendez-vous cette fois en bas du tribunal, pendant deux semaines.

La salle en forme d'hémicycle, moquette au bleu délavé par le temps, hauts murs terminés par une verrière, est plus spacieuse et le box vitré un peu plus large pour accueillir cinq accusés et une escorte. Les bancs de bois, identiques dans toutes les salles d'audience, sont aussi inconfortables, *a fortiori* quand on y passe plusieurs journées d'affilée.

On entre par deux rangées de portes vitrées. Le box des accusés se trouve à droite, la partie civile à gauche, en contrebas du siège du parquet.

Les policiers surveillent les entrées, les casquettes et les oreillettes sont malvenues. Des panneaux rappellent l'interdiction de sortir son téléphone.

Petit Père a déjà rejoint le banc réservé aux parties civiles. Vêtu d'un ample costume sombre, il se penche sur le côté pour parler à l'oreille de son avocate, Anne-Charlotte Mallet. Le contraste de leurs deux silhouettes est saisissant. Lui, large d'épaules, costume flottant, elle, toute menue, silhouette de manga, les cheveux relevés en deux petits chignons. Ils se connaissent depuis quatre ans. La première fois qu'il s'est rendu à son cabinet d'avocats, à Paris, sa mère l'accompagnait. Durant deux heures, il a déroulé le fil des tortures et de la séquestration, en montrant ses blessures.

L'énorme cicatrice qui lui barrait le nez sur la photo des urgences de 2014 semble avoir disparu. Ses cheveux ont poussé, il est méconnaissable et n'a pas l'air effrayé. Il jette un œil à la salle, esquisse même un sourire. Il a posé sur la tablette en bois des feuilles et un stylo, il va tout noter, tout ce qui sera dit de l'autre côté de la barre, les questions qu'il souhaite poser, et celles qu'il suggérera à son avocate.

Deux policiers en civil se tiennent derrière lui. Ils ne l'escortent pas jour et nuit, mais assurent arrivées et départs. Petit Père modifie son allure chaque jour avant d'arriver et n'emprunte jamais l'entrée publique, où passent les avocats, les magistrats, les jurés, le public, les journalistes, les témoins, et même les accusés qui comparaissent libres. Il passe par le petit portillon bleu, à l'arrière.

Un ancien client de l'avocate qui a eu vent du procès l'a mise en garde : « Faites attention à vous, maître. » Ce n'est pas une menace, plutôt un appel à la vigilance au regard de la gravité des faits et des dénonciations de Petit Père.

Le quinquagénaire regarde la salle déjà bien remplie, le box vitré où les accusés entrent un à un, conduits par l'escorte, avant de s'aligner en rang d'oignons sur le premier banc, où leurs menottes sont retirées. Ils sont cinq, Bouba et Chouk aux extrémités. L'escorte a pris le soin d'éloigner les deux hommes, de peur qu'ils en viennent aux mains, comme en correctionnelle, l'année précédente.

Chouk, dont les cheveux grisonnent, a les traits tirés. À côté de lui, Afo et le Docteur, tous deux en chemise blanche, et un troisième accusé, grand brun à l'air renfrogné, nouveau venu dans l'affaire, surnommé Raldo. Il est soupçonné d'avoir torturé Petit Père et Maxime, et d'avoir fourni l'appartement de la séquestration.

Onze policiers se relaient sur les bancs derrière eux, dans ce même box vitré plein à craquer qui ressemble à un grand bocal. De là, il n'est pas toujours facile de se faire entendre de la cour et du public.

Quelques micros sont allumés au moment des interrogatoires. En attendant, les accusés se contorsionnent comme ils peuvent pour échanger avec leurs avocats assis devant eux, en contrebas. Pour les confidences, il faut viser l'interstice entre les vitres.

Les accusés aussi observent l'assistance. À leurs sourires, on comprend qu'ils ont repéré quelques visages amicaux, des proches ou de la famille.

Les avocats tentent de se trouver une place au plus près de leur client, tandis qu'on déplie trois chaises sur le devant de la salle, juste en face de l'estrade réservée à la cour. Elles sont réservées aux prévenus qui comparaissent libres : la locataire de l'appartement où les victimes ont été séquestrées, une jeune femme à l'épaisse chevelure rousse, très souriante, la trentaine. Elle vit dans le quartier de la Rose-des-Vents, qu'on appelle encore « les 3000 », à Aulnay-sous-Bois. C'est l'ancienne amoureuse de Raldo. À sa gauche, Maxime et Mehdi, un de ses copains.

Le symbole est fort. Maxime est assis entre Petit Père et les accusés. À ce procès, il est à la fois victime et accusé de séquestration. Petit Père est sûr que Maxime a voulu lui tendre un piège peu de temps après leur libération. Il est persuadé qu'il l'a fait revenir chez lui pour lui faire avouer où était passée la drogue, qu'il a voulu le séquestrer. Ce jour-là, il y avait aussi Chouk et Mehdi, un copain de Maxime encore plus baraqué, plus de 100 kilos, une masse. Petit Père a réussi à s'enfuir par une fenêtre de la salle de bains, avant de se terrer dans le cabanon de jardin d'un voisin.

La salle se remplit dans le brouhaha. Quelques journalistes ont déjà sorti cahier et stylo, assis au milieu de tous, car à Bobigny, contrairement à d'autres palais de justice, aucun espace n'est dédié à la presse. Les journalistes sont dans le public, parmi les témoins, qui attendent de connaître l'heure et le jour de leur passage à la barre, les amis des accusés, et ces habitants de Seine-Saint-Denis qui ne savent pas encore s'ils feront partie des jurés tirés au sort.

La sonnerie retentit. D'une voix forte qui stoppe net les bavardages, l'huissière annonce : « La cour ! Levez-vous ! » Trois magistrats entrent derrière l'estrade, le président, en robe rouge, Philippe Jean-Draeher, suivi de deux assesseures, en noir. Elles sont toutes deux juges à Bobigny, l'une aux affaires familiales et la seconde à l'application des peines. Des trois magistrats, seul le président a connaissance de l'affaire.

Le compte y est ! La greffière a vérifié que les jurés potentiels étaient bien dans la salle. Le tirage au sort peut commencer. Un tirage à l'ancienne. À chaque nom correspond un numéro sur un jeton, jeté dans une urne où le président plonge sa main pour appeler, un à un, ceux qui le rejoindront sur l'estrade. Compte tenu de la durée du procès, il est convenu que cinq jurés supplémentaires soient associés, c'est le maximum autorisé par la loi, pour pallier d'éventuelles défaillances en cours de route, soit onze noms au total. En plein hiver, personne n'est à l'abri d'un virus ou autre aléa.

Le tirage au sort est toujours un moment particulier dans un procès d'assises. Quelques minutes suspendues qui propulseront des anonymes dans un ballet de robes rouges et noires au langage ésotérique, et les plongeront dans l'intimité d'inconnus dont le destin se jouera ici. Ils passeront à la loupe l'enfance et les errances, écouteront des policiers, experts psychiatres, psychologues, parents, ex, victimes, voisins, avocats. Les jurés auront mis leur propre vie en suspens, tout ce temps. Et davantage encore, s'ils sont tirés au sort au procès suivant. Car ils sont convoqués pour une session qui peut comprendre plusieurs procès. Celle-ci est prévue pour un mois. Parmi cette assemblée certains ont déjà jugé un meurtrier en début de semaine.

L'avantage de ne pas disposer de bancs réservés à la presse est d'être en prise directe avec le public. Sentir un sursaut, entendre un chuchotement, surprendre un soupir ou remarquer deux doigts se croiser pour espérer être tiré au sort. L'aventure du délibéré ne fait pourtant pas fantasmer tout le monde. Un retraité de Bobigny en a fait le récit précis dans un livre[1]. Cet ancien cheminot, devenu chercheur en sciences de l'éducation et militant des droits de l'homme, a été tiré au sort deux fois, à dix ans d'intervalle pour siéger à la cour d'assises de Seine-Saint-Denis. Il ne

1. Christian Verrier, *De juré à condamné, deux jours en cour d'assises, narration réflexive*, L'Harmattan, 2018.

voulait pas juger, il s'en sentait inapte. Le jour J, il a expliqué sa position à la cour. La première fois, il a été dispensé, pas la seconde. C'était en 2017. Les raisons médicales ou professionnelles peuvent se discuter, pas l'objection de conscience. Avant de quitter le tribunal, il a laissé un chèque de 3 750 €.

D'autres récalcitrants ne s'embarrassent pas de longs discours. Une attitude clairement désinvolte en traversant la salle, les pieds qui traînent, un long soupir suffisent parfois à se faire récuser. Car le tirage au sort ne décide pas de tout. Le juré appelé peut se voir récusé en quelques secondes par le représentant du ministère public ou de la défense. Le temps de quelques pas, pour rejoindre l'estrade, tout peut encore basculer. « Récusé ! » lance Marie-Claire Noiriel, l'avocate générale, pour la troisième fois, à l'approche d'un juré, sans la moindre explication.

Elle n'a pas à se justifier. Les jurés ont normalement été prévenus : s'ils sont récusés, ils ne doivent pas le prendre mal. Mais aucune explication ne leur sera donnée.

Les récusations se font à la tête, au profil du juré. Les avocats et magistrats connaissent leurs nom, âge et profession. Rien ne doit permettre de savoir où ils vivent (article 282 du code de procédure pénale). Il est déjà arrivé, sur une autre juridiction, que l'adresse soit mentionnée par erreur, mais c'est en principe proscrit. L'idée est de pouvoir situer les jurés dans la société, pas d'aller sonner chez eux.

La liste est transmise à l'avocat général et à chaque

accusé, qui la transmet ensuite à son avocat, peu de temps avant le procès… Rien n'empêche de passer ces noms à la moulinette des réseaux sociaux avant l'audience, pour apprécier les opinions de ces juges d'un jour. Une pétition en soutien ou contre une cause, diffusée sur un compte Facebook, des commentaires sous une publication peuvent aider à placer le curseur.

Certains ne récusent jamais, par principe. D'autres préfèrent exclure les femmes lorsque le crime jugé est un féminicide, ou encore un juré qui exerce la même profession que l'accusé. La récusation n'est pas une science exacte, elle peut même se faire au bluff, comme cet avocat récusant systématiquement le premier juré tiré au sort afin de laisser croire aux autres qu'il les a véritablement choisis. Il estime qu'il lui sera alors plus facile de les convaincre.

La cour est presque au complet. C'est au tour du sixième et dernier juré. Un brun à la silhouette sportive, la quarantaine bien passée, traverse la salle pour rejoindre son siège. Personne ne le récuse, mais l'homme semble gêné. Il cherche à s'exprimer. D'un geste discret de la main, il interpelle l'huissière. Celle-ci s'approche et il lui glisse quelques mots à l'oreille. « Monsieur dit qu'il habite Aulnay-sous-Bois et qu'il reconnaît des gens dans la salle », répète-t-elle à voix haute en s'adressant au président.

Les magistrats et les avocats le regardent, puis se regardent. « Ils font partie de mon voisinage », confirme ce juré à voix haute. On n'en saura pas davantage. Avocats et magistrats sont bien d'accord, il est préférable que l'homme ne siège pas. Impartialité oblige, pour être juré, il ne faut pas connaître les accusés ni les parties civiles.

Un autre le remplace. Ils sont enfin six, quatre hommes et deux femmes, le jury est au complet, pour ce qui est des titulaires. C'est ensuite au tour des suppléants d'être tirés au sort : deux hommes et trois femmes, invités à s'asseoir à chaque bout de l'estrade.

Un avocat de la défense se lève pour contester le nombre de récusations avant de se rasseoir presque aussitôt. Le ton ferme et cassant, le président de la cour le renvoie à ses calculs. L'avocat s'est trompé, le tirage au sort est validé. Le procès va pouvoir commencer, une suspension sera accordée pour que les jurés préviennent leur famille et avertissent leur employeur qu'ils seront mobilisés pendant deux semaines.

Le président ouvre les débats par la lecture du « rapport », un résumé qui reprend la chronologie des faits et des charges telles qu'elles ressortent de l'instruction et de l'ordonnance de mise en accusation (OMA), un document de plusieurs dizaines de pages.

Des retranscriptions d'écoutes téléphoniques sont annexées. Le juge d'instruction a pensé que ce serait plus commode de les regrouper, en annexe. Ce sont les écoutes où Chouk parle de « dinguerie », où Pénélope et Bouba évoquent celui qui a été « le plus bonhomme »... Tout le dossier repose sur ces écoutes.

La défense s'insurge ! Pas question que ces écoutes se retrouvent entre les mains des jurés. Ce n'est pas formulé ainsi, mais c'est bien de cela dont il est question. Si ces écoutes, particulièrement à charge contre les accusés, restent à leur disposition, ils auront tout le loisir de les relire au moment de délibérer. Sinon, ils devront se contenter d'une lecture au procès, et des extraits qu'ils auront eu le temps de prendre en note, car à la fin ils ne pourront emporter que leurs notes et l'OMA.

L'avocate générale est contre, ces écoutes font partie intégrante de la mise en accusation. Le juge aurait tout aussi bien pu les intégrer à l'ordonnance, la défense n'aurait pas trouvé à redire.

La cour, peut-être soucieuse de calmer la défense d'emblée, accepte de les retirer, sans que les jurés en saisissent bien l'enjeu.

Leur tâche s'annonce rude : huit accusés à juger pour des faits différents, des crimes et des délits, dans une affaire à tiroirs dotée d'un prologue, le trafic de stupéfiants, déjà jugé. Cinq accusés dans le box, trois autres libres, dont Maxime, poursuivi pour avoir séquestré Petit Père chez lui mais victime également de tortures, faits pour lesquels il n'a jamais déposé plainte. Et aucun juré n'a de master en droit pénal.

Ils sont conseiller à Pôle emploi, auxiliaire de petite enfance, employé de clinique, travaillent à la police scientifique, à la SNCF, à l'aéroport Roissy-Charles-de-Gaulle. Les plus âgés ont une cinquantaine d'années, les plus jeunes, à peine la trentaine. L'un des benjamins, Djo, a tout juste 23 ans, l'âge minimum requis pour ce devoir citoyen. Il est originaire de Bondy, comme Afif et Docteur, deux accusés dans le box. Dès l'après-midi, un juré manque à l'appel. Il est remplacé par un suppléant. Ils ne sont plus que dix, dont quatre suppléants.

« Ils m'ont brûlé les fesses, les testicules, les parties intimes, le sexe, le ventre »

Debout face à la cour, Petit Père attrape la barre bleue des témoins et ne la lâche plus. Son costume large rehausse sa carrure, on dirait un haltérophile qui s'apprête à soulever les poids. Il prend une grande inspiration et se lance.

« Je salue… Je salue tout le monde », commence-t-il, avec le souci de s'adresser à l'ensemble de la cour. Avec sa voix et sa gouaille, il ressemble à un personnage d'Audiard. Son avocate, Anne-Charlotte Mallet, se tient debout à sa droite, comme pour faire écran avec les accusés.

Petit Père raconte pour la première fois en public ce qui lui est arrivé, après ce dernier voyage, qui avait pour but d'importer 200 000 € d'herbe de cannabis d'Espagne. Trente-cinq heures qu'il roule, il est fatigué, il a envie de prendre un rail de cocaïne chez Maxime… Le braquage à Bondy, près du McDonald's, le simulacre d'exécution en forêt de Seine-et-Marne, son arrivée chez Maxime, dans un camping-car saccagé, la drogue disparue. Ce récit à la première personne propulse les jurés dans l'horreur. Petit Père raconte ce moment où on lui demande d'aller attendre dans le camping-car avec Maxime, des hommes vont arriver. C'est le début de la séquestration.

« Je n'avais rien à cacher, je rentre le premier, Maxime entre ensuite. Deux hommes arrivent, un grand Noir et un petit blond aux yeux bleus. Maxime prend sévère, une grande claque. On nous fait ensuite monter dans un Opel Combo frigorifique, le grand Noir est avec nous à l'arrière, on est en position fœtale, avec des Serflex. L'un d'eux nous dit : "Vous nous avez pris pour des enfants, on braque des Brink's, il faut nous rendre la marchandise." Maxime prend un bon coup. Moi j'ai peur, je suis paniqué, qu'est-ce qu'il va nous arriver ? Ils ont roulé longuement, on descend, on nous demande de courir, il y avait quatre ou cinq marches, on s'arrête, puis on monte à l'appartement. Là on est séparés. On me fait asseoir sur un w.-c., dénudé, on m'enlève mon tee-shirt. »

Il s'arrête, reprend une inspiration.

« Je commençais vraiment à avoir peur. Le petit blond me dit : "Tu as 15 minutes pour nous dire où sont nos affaires, sinon ça va chauffer, tu vas prendre cher." J'essaye de tirer un peu sur le Serflex pour libérer mes mains. J'entends le petit blond qui dit : "Viens voir on a un petit rigolo ici." C'est là que le grand Noir me met un putain de coup de poing dans la figure. Je souffre, j'ai mal… Les premières brûlures… Ça commence par la cuisse droite. J'ai mal… c'était un acte sadique. Puis au bras, je hurle, j'ai vraiment très, très mal, c'est une très grande souffrance. J'ai le nez cassé, du scotch sur la bouche, j'ai du mal à respirer. C'est d'une sauvagerie et d'une violence extrêmes, c'est un acte sadique, j'ai mal, j'ai mal... Je leur dis que je sais pas où sont leurs affaires, j'ai mal, j'ai mal... ça sent le cochon brûlé, c'est dégueulasse, je suis en train de souffrir à l'extrême, j'ai mal et je suis fatigué. » Pas un bruit dans la salle d'audience. Les jurés sont figés, tout le monde écoute ce père de famille, ébranlé à l'évocation de ces tortures qui continuent dans le huis clos d'un appartement. Malgré l'émotion, ses phrases sont claires.

« La porte s'ouvre à nouveau, je suis bâillonné, les yeux fermés, qu'est-ce qu'ils vont me faire encore? À quelle partie de mon corps ils vont s'en prendre? Ils décident de passer un peu d'eau de Javel sur mon corps. C'est un calvaire. Une souffrance... On m'extrait des waters, je me sens dégradé, je ne peux rien faire. On me tire dans une pièce où il y a des cintres. On me jette comme une merde. J'y passe la nuit. Sans boire, sans manger. J'arrive pas à dormir, j'ai les mains dans le dos, j'arrive à détacher mes liens, je les pose à côté. Un Maghrébin très agressif arrive: il me dit: "Petit Père qu'est-ce que t'as fait?" Il est fou de rage, il me frappe, il me frappe... ça siffle tout le temps. C'est terrible, et toujours la même question: "Où sont nos affaires? Si tu nous rends nos affaires, on te paye et puis ça suffit." »

Il entend des bruits de la pièce voisine, « des bruits de membres coupés, de scie, de hurlements, c'est de la torture psychologique abominable ».

« Je suis attaché aux mains et aux pieds maintenant, je suis saucissonné. Et c'est reparti de plus belle. Ils se sont attaqués à mon entrejambe… »

Petit Père fond en larmes mais reste debout, à la barre.

« Ils m'ont brûlé les fesses, les testicules, les parties intimes, le sexe, le ventre, derrière ici », il montre son aine droite, « partout ». Il répète qu'il ne sait pas où sont « leurs affaires ».

« Maxime a dû subir aussi. Putain, merde, bordel, j'ai jamais rien volé… Nous sommes séparés. »

Il craque encore, son avocate lui tend un mouchoir. Il prend plusieurs inspirations et poursuit.

« Nous sommes séparés, de là on passe à autre chose, la perceuse sur un genou, on la fait tourner près de l'oreille, psychologiquement, c'est très dur. Ça tourne, ça tourne, je ne sais pas à quoi m'attendre. Et on me demande : “Où sont nos affaires ?” Je sais pas merde, j'ai été braqué ! Je suis frappé avec une barre de fer sur le tibia – il soulève la jambe gauche de son pantalon –, le genou, partout, partout… C'est dégradant. Je ne sais toujours pas ce qu'est devenu mon pote.

» Je suis passé de pièce en pièce, on me fait monter sur le canapé, je ne sais pas comment, j'avais mal partout, on m'explose comme une merde ! À tout moment, vous savez pas à quoi vous attendre, ce qui peut vous arriver. J'essaye de me reposer, de respirer calmement. Peut-être que ça va s'arrêter, j'ai proposé d'hypothéquer mon pavillon. On me demande si j'ai déjà été mis dans un trou… Je réponds : “Oui, vingt-quatre heures à l’armée.” Ça les a rendus fous. Ils m’ont frappé, au milieu, à droite, des coups de pied au ventre, je me souviens d’un agresseur maghrébin surtout, plus il en faisait, plus ça lui procurait de la jouissance. C’était du sadisme. Il m’a arraché mes boucles d’oreilles.

» Chouk arrive. Il a dû constater les dégâts en arrivant. Entretemps, j’ai fait l’erreur de défaire mes liens. Je dégrafe un peu le scotch, dans l’éventualité de partir. Je vois des volets rouges, on est au quatrième étage. Je me rallonge, je remets le scotch, les liens.

» Chouk me dit : “Tu es fou, P’tit Père, tu sais pas ce qu’ils vont te faire.” Je voulais pas mourir, pas ce jour-là… Je pense à ma femme, mes enfants. Si je m’en sors, je promets de plus jamais faire le con. Ils m’ont attaché les chevilles, c’était très violent, je leur dis d’arrêter… Et ils sont revenus en me disant qu’ils allaient me noyer. J’étais épuisé, affamé, je n’en pouvais plus. Chouk me passe un fer à repasser froid sur la peau, en me disant : “Tu vois, ça chauffe en vingt secondes.” Là, je me dis, c’est bon, tue-moi, j’en peux plus, j’en ai assez de ces souffrances. »

Le récit continue, dans la salle de bains cette fois avec ce qu’il nomme « le supplice de la noyade ».

« À plusieurs reprises, on vous plonge la tête dans l’eau, jusqu’à ce qu’il n’y ait plus une bulle qui sorte, on vous met une serviette humide sur le visage, quand vous ressortez la tête, c’est la seule fenêtre de tir pour respirer, et là on vous replonge la tête dans l’eau. »

Nouvelle crise de larmes à la barre.

« C'était n'importe quoi. »

Finalement, il indique que ses geôliers sont prêts à les libérer sous condition : trouver 300 000 € dans le mois. Petit Père promet d'hypothéquer sa maison. Il devra aussi rester quarante-huit heures avec Maxime et se laver avant de sortir.

« C'est Maxime qui me lave, délicatement. J'avais mal, mal, mal, mal, mal, c'était une souffrance indescriptible. Je suis enfin libéré des pieds, la première fois que j'ai voulu me mettre debout, je suis tombé. On nous remet dans le camion frigorifique. J'entends dire : "Ils font chier les jeunes, ils ont encore mis la clim." On m'enlève le scotch des yeux. »

On leur donne des combinaisons de peintre qui collent à la peau et aux plaies, et un conseil : « Si on vous demande, dites que vous avez fait la fête, que vous étiez saouls et que vous êtes tombés dans le canal de l'Ourcq et qu'on vous a donné des affaires pour vous habiller. » « On arrive chez Maxime, on me dit : "Tu restes là, tu bouges pas." Je peux à peine bouger. Maxime s'occupe de moi, me soigne. Je ne supporte pas le moindre vêtement. Dès que je marche, ça s'ouvre, ça saigne. J'ai l'impression que ça ne va jamais guérir. »

Dans un miroir, il découvre sa gueule cassée, le nez fracturé, deux dents en moins, avalées sous la violence des coups.

Il indique qu'il rentre chez lui après plusieurs jours. Maxime lui a donné 50 €. Il essaye de cacher ses blessures à ses enfants, prétend qu'il s'est fait voler du matériel de chantier, ce fameux chantier en Espagne où il travaillait au noir, la raison officielle de son absence. Il y en avait pour 50 000 €. Il se souvient que le loueur du camping-car n'était vraiment pas de bonne humeur quand il a découvert ce qu'il était advenu du véhicule. Petit Père a demandé de l'aide à sa mère et à une amie.

Puis vient le moment où Maxime lui demande de revenir chez lui, aux Pavillons-sous-Bois.

« Il me dit qu'il y a quelqu'un qui veut me voir chez lui. Tout de suite », poursuit Petit Père à la barre, qui garde le fil chronologique.

Méfiant, il s'y rend quand même mais prévient son ex-femme que, s'il n'est pas rentré le lendemain, elle doit absolument signaler sa disparition au commissariat.

Il sent que ça peut mal tourner. En arrivant chez Maxime, Petit Père se voit à nouveau pris au piège. Maxime et Chouk sont là. Mehdi joue les gros bras, aussi. Pour le mettre à l'aise, on lui propose un gramme de coke, de l'alcool, avant de lui reposer la même question qui tient en quatre mots: « Où sont les affaires? »

Petit Père a trente secondes pour répondre. Il en est convaincu, on veut le séquestrer, encore une fois. C'est la fin. Il se souvient avoir pris des coups, il est certain qu'on lui a donné un coup de taser, que Maxime a sorti un sabre. Il réussit à s'enfermer dans la salle de bains pour se hisser jusqu'à la fenêtre. Ses jambes se dérobent mais, dans l'énergie du désespoir, il parvient à passer par la fenêtre, puis à se traîner jusqu'au jardin voisin où il se cache dans un cabanon.

Il trouve des sacs-poubelle pour se protéger du froid et se ratatine dès qu'une voiture passe. Il en est convaincu, il le redit, il a échappé à une nouvelle tentative de séquestration, la troisième en une semaine. Trois jours qu'il n'a pas touché à la coke, ni à l'alcool. Petit Père n'a qu'une idée en tête: partir, loin.

Cela fait une heure trente que la cour, les jurés, les avocats, la salle déjà bien remplie écoutent ce presque quinquagénaire livrer distinctement un récit à peine imaginable. La fin de son témoignage est pour tous une délivrance. Enfin, ça s'arrête.

« Tu mens ! »

« Il n'y a pas de blond parmi les huit accusés », fait remarquer Chloé Arnoux, l'avocate de Docteur. Sauf si l'un d'eux se teignait les cheveux à l'époque – la mode des blonds peroxydés de la fin des années 90 n'a jamais vraiment disparu. Mais personne ne se hasarde sur le terrain capillaire.

S'il y a des failles dans le récit de Petit Père, autant que la défense s'en saisisse. Pas question de laisser croire comme une évidence que les tortionnaires et le sadique sont dans le box. Mais Petit Père tient tête, pour lui, les cinq du box sont impliqués, à différents degrés.

Docteur ? « Oui, oui, je suis catégorique, il est arrivé chez Maxime, c'est l'associé de Chouk, je suis certain qu'il était là dans le camping-car quand je suis monté, après je ne le vois plus. Dans l'appartement ? Non, je n'ai pas entendu sa voix pendant trois jours. Dans le camion frigorifique, c'est le grand Noir. »

Il désigne Bouba, tout à gauche dans le box.

Afo ou Afif, qui baisse la tête ? Petit Père reconnaît sa voix. « Oui, il était dans l'appartement, mais lui c'était le gentil. Dans l'appartement, pour moi, il y en a quatre ou cinq qui se relayent. »

Afo réagit : « Je ne suis ni le gentil, ni le voleur, ni le commanditaire. »

Le « sadique » ? Pour Petit Père, c'est Raldo, sans hésiter : « Quand j'ai entendu sa voix, au début du procès, j'ai failli bondir de ma chaise. Je n'avais jamais été confronté à lui avant. » C'est la première fois à Bobigny qu'il entend le son de la voix de Raldo. L'avocate générale est la première à lui demander s'il reconnaît cette voix parmi celle de ses geôliers.

Les avocats de la défense aussi sont prêts à bondir. « Qu'est-ce qui vous fait penser que c'est lui et pas un autre avec une voix agressive ? relance calmement Jean-Christophe Tymoczko, l'avocat de Raldo. Ce qui est gênant, c'est que je n'ai rien d'autre comme descriptif de la voix à quoi me raccrocher, comme une voix suave ou bien nasillarde. »

Petit Père ne démord pas : « Maître, quand vous

avez vécu ce que j'ai vécu, que vous avez été saucissonné, bâillonné, ligoté, que quelqu'un vous frappe, vous parle et que votre sang se glace à nouveau quatre ans plus tard en l'entendant… »

L'avocat d'Afif, Joseph Breham, reprend :

« Je ne mets pas en doute ce que vous avez subi, mais est-ce que votre reconnaissance de plus en plus affirmative n'est pas induite par le juge d'instruction ? »

Même réponse polie de Petit Père :

« Non, maître, je suis sûr de moi, quand vous entendez de vive voix, ça change totalement. »

Concernant Chouk, les cartes sont brouillées. Il l'a recruté pour être passeur et l'a payé. Il était en Espagne au moment où Petit Père et Maxime ont été forcés de monter dans le camion frigorifique jusqu'à l'appartement des supplices. Il n'est arrivé qu'après.

« C'est celui qui avait le plus d'empathie pour moi, il m'a fait manger et donné à boire », explique Petit Père. « Dire "ton trou est creusé et un fer à repasser chauffe en vingt secondes" ne paraît pas très empathique », lui fait remarquer l'avocate générale.

Mais Petit Père maintient : « S'il n'avait pas été là, je ne serais peut-être pas là, je serais mort. C'est grâce à lui que je suis là aujourd'hui.

— Alors, arrête de mentir ! l'interpelle Chouk debout dans le box.

— Je ne suis pas un menteur, je le dis avec aplomb, je ne suis pas un menteur. »

Droit à la barre, Petit Père se tourne vers les accusés pour les regarder dans les yeux, comme s'il n'avait pas peur d'eux.

Pourtant, l'homme est en cavale depuis cinq ans. Son avocate lui demande de raconter. « Je n'ai plus de vie sociale, en plus d'avoir été cassé physiquement et psychologiquement, je ne vois plus mes enfants, j'ai divorcé par contumace, je vis seul en caravane au fond des bois, je fais des CDD en intérim, j'ai peur des autres, des êtres humains, je me lève tôt, pour ne croiser personne, ne pas être reconnu. J'ai changé six fois de région, j'ai toujours travaillé, ma vie personnelle, sentimentale, est au point mort. Je suis suivi par un psychologue, j'ai des soins au quotidien et j'ai arrêté la drogue. Depuis, j'ai du mal à prendre une douche, je me lave au lavabo, j'ai les cheveux très courts pour éviter d'avoir à me les laver. Quand j'ai envie d'aller aux w.-c., avec toutes ces plaies, je sais ce qu'il m'est arrivé. J'ai deux dents en moins, des maux de tête, des acouphènes, j'ai failli ne pas avoir de travail à cause des pertes d'audition, je suis assujetti aux rhumatismes, j'ai tout perdu. Les collègues, les amis, les enfants. Je peux compter sur trois, quatre, personnes dans la vie, ma vie est un enfer. Je suis détruit. Un chat, c'est tout ce que j'ai dans la vie. Je ne serai jamais libéré de ça, il n'y a pas un moment où je ne pense pas à ce qu'il s'est passé. Je voudrais simplement être avec mes gosses, c'est terrible pour un père d'être séparé de ses enfants. »

Le président : « Vous avez réfléchi à votre passé, vous avez été déclaré coupable de trafic de stupéfiants, vous saviez qu'il y avait des risques dans le trafic, à transporter des sommes astronomiques... il pouvait arriver un malheur...

— Oui, répond Petit Père. Je connaissais les risques encourus, monsieur le président. Je voulais rembourser mes dettes, mon épouse venait de me quitter, j'ai fait n'importe quoi. »

L'après-midi, la foule est encore plus nombreuse dans la salle d'audience, les visiteurs ne sont pas tous des lève-tôt. On comprend vite que ce ne sont pas de simples curieux, attirés par les premiers articles de presse sur cette affaire hors du commun. Les échanges de regards avec les accusés indiquent qu'ils se connaissent. Deux notamment, de forte corpulence, choisissent de s'installer non loin de Petit Père. Un autre, brun, cheveux gominés, plus fin que les deux autres, de taille moyenne, attire les regards. Sa tenue est immanquable, il porte un costume à larges carreaux.

Le procès reprendra plus tard que prévu après le week-end, le président prévient qu'il doit se rendre à des obsèques. Une jurée suppléante manque à l'appel, pour raisons de santé. Sur cinq jurés suppléants, ils ne sont plus que trois.

« Pas dans ma nature de porter plainte »

Il est l'autre victime, celle qui n'a jamais déposé plainte. Maxime, grand brun, mâchoire serrée, est aussi économe dans ses réponses que Petit Père est bavard. À la barre, il se montre quasi mutique. Lui aussi a été torturé, battu. Les prénoms de ses enfants qu'il s'était fait tatouer sur le bras ont été brûlés. Sur ses membres demeurent des cicatrices de plus de 10 centimètres de long.

La police s'est demandé si son silence avait été acheté. « Ce n'est pas dans ma nature de porter plainte », évacue le quadragénaire comme il l'avait fait au procès devant le tribunal correctionnel.

« Je n'ai pas de crainte particulière, pas d'escorte, je suis libre », tient-il à préciser. En garde à vue, il avait craqué. Alors, plutôt que de le harceler de questions auxquelles il ne répondra sans doute pas, son avocat, Florian François-Jacquemin, demande la diffusion de la vidéo de son interrogatoire dans les locaux de la PJ, juste après son arrestation en avril 2016.

Considéré comme un suspect, il est interrogé pour la quatrième fois en trois jours de garde à vue par une lieutenante de la PJ. Trois jours sans cocaïne. Les cheveux et la barbe hirsutes, les traits creusés par le manque de sommeil, il cherche ses mots, marquant un temps entre chaque phrase comme s'il cherchait à revoir ce qu'il décrit, ce moment où on lui demande d'attendre avec Petit Père dans le camping-car.

« Trois types cagoulés sont entrés, l'un d'eux m'a

mis un coup au visage avec une arme de poing de type automatique argentée. Le grand fin m'appelait par mon prénom. Les autres étaient plus petits, trapus. Quand j'ai senti que ça partait en couilles, j'ai appelé mes enfants... Il m'a mis des coups pour savoir ce que j'avais raconté... Ils se sont arrêtés pour jeter le téléphone. Ils nous ont secoués, ont asséné plusieurs coups à chacun. Dans le visage... Dans les tempes... Dans la mâchoire... Des droites essentiellement. Des bousculades. Ils nous ont demandé de réfléchir parce qu'ils avaient le temps et qu'ils allaient revenir... Il s'est passé énormément de temps, c'est comme une garde à vue, on n'a plus de repères... On nous a donné des coups... On a été séparés... Avant la nuit, il y a eu deux passages. On m'a demandé : "Est-ce que tu sens ça ?" J'ai senti la fraîcheur du métal sur le visage. J'ai entendu clic-clac... »

Il mélange le passé et le présent, comme si les tortures, pourtant vieilles de deux ans, étaient encore bien là dans son esprit. À l'écran, on le voit pleurer, trembler, puis fermer les yeux.

« La nuit, j'entendais un film documentaire sur le thème de la torture. Petit Père n'arrête pas de faire n'importe quoi, il se met à gueuler... Le matin, on a eu une équipe plus calme. » Il s'effondre. « C'était un sécateur, ou une paire de ciseaux. Ça tapait, ça frappait, ça bousculait... Aux chiottes, il me brûle, ça me brûle partout, fils de pute, avec une lame pour que je sente bien. Il me frappe, il me frappe, il me frappe. »

En larmes, il demande à l'enquêtrice : « Tu les veux,

les photos ? Je les ai, c'est pas ce qu'il a constaté, le médecin ! » Même s'il n'a pas déposé plainte, il a pris ses blessures en photo, comme Petit Père. Les clichés s'affichent sur l'écran : entailles, brûlures, boursouflures. Maxime a l'impression qu'ils « ont fait pire que lui à Petit Père ».

Quand Chouk lui a ôté le bandeau qui recouvrait ses yeux, il a vu des « affaires de femmes » dans la salle de bains, il a même entendu la voix d'une femme, en colère. Le récit du braquage par Petit Père était incohérent, et ces « fous voulaient le tuer ». En les libérant, ils ont prévenu : « Pas de police, pas d'hôpital. » Alors Maxime est resté chez lui, se soignant tout seul pendant des semaines. Il lui fallait plusieurs heures par jour pour désinfecter ses plaies et les panser à nouveau.

La lieutenante de la PJ qui a mené l'audition se trouve à la barre devant la cour. « Il n'aurait jamais parlé s'il n'avait pas été interpellé. Il était hors de question de parler de l'affaire, pour sa survie, la survie de sa famille. Il est du 93, tout le monde se connaît, c'est compliqué. » Elle n'a jamais douté de la sincérité des deux victimes, même si le récit de Maxime ne permet pas d'identifier ses tortionnaires, comme le fait remarquer l'avocate générale. « Je pense qu'il en sait plus sur les individus, mais il ne veut pas le dire », réagit la policière.

« Comment avez-vous réussi à le faire parler ? questionne l'avocat de Maxime.

— Il venait de passer une nuit en cellule, il a réfléchi, est-ce que ça a mûri dans sa tête ? Mon empathie, ma sensibilité peut-être. Les actes de torture et de barbarie, c'était une première pour moi. C'était éprouvant pour lui, pour moi. Depuis, j'ai changé de service. »

Une salle de bains avec des affaires de femme

La salle de bains où traînent des « affaires de femme » se trouve au cœur de la cité de la Rose-des-Vents à Aulnay-sous-Bois, dans une forêt d'immeubles gris de cinq étages avec balcon. Un F3, deux chambres et baignoire, au quatrième étage, dans ce quartier emblématique de la politique de la Ville, qu'on appelle encore souvent « les 3000 » en référence au nombre de logements sortis de terre à la fin des années 60 au milieu des champs de blé, quelques années avant l'ouverture de l'usine PSA.

Petit Père et Maxime y ont été torturés, pendant deux jours, trois, peut-être, sans que leurs cris de douleur n'alertent quiconque. Impensable.

C'est Chouk qui a permis à la PJ de trouver l'adresse. Docteur l'avait récupéré à Orly, à son retour d'Espagne. Dans l'appartement, Chouk a remarqué les photos d'une jeune femme rousse aux cheveux longs. C'en était assez pour l'identifier. Dans son appartement, le Blue Star – sorte de laser utilisé pour détecter les traces de sang invisibles à l'œil nu – n'a rien révélé. Seulement quelques traces, mais rien de bien flagrant.

Pénélope disait de la rousse qu'elle était « complètement folle », « elle avait prêté son logement et savait ce qui allait s'y passer ». Chouk en est convaincu.

Debout, devant la cour, la trentenaire dément toute complicité : « Je n'étais pas là et je n'ai jamais prêté mon appartement, tout le reste n'est que pure imagination. » Elle se retourne sans cesse vers ses deux avocates, et sourit souvent, à tout le monde ou presque. Sa bonhomie tranche avec l'énoncé de son casier judiciaire lourd de condamnations pour vol, violences et rébellion. Le récit de son enfance donne les clés de sa révolte. Son père s'est volatilisé à sa naissance, son beau-père la frappait, elle a été placée en foyer et séparée de sa sœur, laquelle avait subi les attouchements du beau-père. Elle fuguait des foyers pour se faire virer. À 15 ans, elle était livrée à elle-même.

Elle a tenu bon, avec des petits boulots et quelques histoires d'amour, le chic pour s'enticher de gars qui profitaient d'elle, dont cette idylle avec Raldo qui n'a pas connu que des hauts. Au moment où elle découvre qu'elle est enceinte, elle apprend qu'il va se marier avec une autre. Elle vit toujours sur place, à la Rose-des-Vents. Elle a renoué avec son père et rangé ses valises à Aulnay, il y a quinze ans. Comment ne pas se demander si elle n'en sait plus qu'elle ne le dit, elle aussi, et qu'elle se tait, par amour, par peur, les deux ?

Le juge a dû lancer un mandat de recherche pour l'entendre, elle ne répondait pas aux convocations. Pourtant elle en avait eu connaissance, comme l'atteste cet appel à Raldo, alors qu'elle était sur écoute.

Elle cherchait un camion pour déménager toutes ses affaires dans le Sud. Elle espérait que Raldo la dépannerait. Il lui devait bien ça, rien que pour l'ardoise de 7000 € de PV qu'il lui a laissée, avec cette manie de louer des voitures sous son nom à elle.

Elle : J'ai reçu un courrier, le 28 septembre je rentre en prison, d'accord ? C'est pas une convoc, je rentre en prison !

Raldo : Y a pas écrit noir sur blanc, ouais une mise en examen, c'est rien du tout ça, tout le monde fait ça, t'inquiète, je connais.

Elle : Tu m'as mise dans la merde, j'ai tous les huissiers, toutes les factures à payer, je suis dans la merde jusqu'au cou à cause de toi. Je n'ai pas d'argent, là je suis en procédure d'expulsion, ils m'ont coupé mon APL, je suis dans la merde jusqu'au cou ! [...] Ce que t'as pas compris, c'est que je vais dire toute la vérité, rien que la vérité, moi je vais raconter la vérité !

Raldo : Mais moi j'ai jamais rien fait chez toi. Va raconter ce que tu veux, y avait deux cents personnes qui rentraient chez toi.

Elle : C'est faux, c'est faux, c'est faux !

Raldo : Mais va me foutre dans la merde, parce que t'as la haine de moi, parce que je te dois des sous, c'est pour ça que tu veux me foutre dans la merde.

Elle : Je vais leur raconter la vérité, mon coco. [...]

Raldo : Mais moi, j'ai rien fait chez toi. Moi, j'ai rien fait...

Elle : Alors comment ça se fait que les personnes étaient chez moi ?

Aux enquêteurs, elle a dit qu'elle ne pouvait pas se rendre à la convocation, qu'elle était bloquée dans le Sud. Mais son père a appelé la police, trop inquiet de se trouver sans nouvelles de sa fille, agressée la veille, à Aulnay-sous-Bois. Vitres de voiture brisées, visage en sang, l'épaule déboîtée. Elle refusait de déposer plainte « par peur des représailles ». Il a mis en cause l'ex-petit ami, Raldo.

Cinq jours plus tard, dans les locaux de la PJ, sa fille n'a rien voulu dire sur ses hématomes et ecchymoses.

Après l'avoir entendue, le juge d'instruction a écrit ceci : « Les pressions dont elle fait l'objet l'empêchent manifestement de dire ce qu'elle sait. À plusieurs reprises, elle dit "être morte des deux côtés". Elle a été menacée très clairement à plusieurs reprises par le frère de Raldo. Celui-ci l'avait mise en garde, il allait "s'occuper d'elle [...]". On comprend dès lors la terrible pression, accentuée par le fait qu'elle n'arrive pas à se détacher du quartier où elle habite. »

Au procès, l'une des avocates de la jeune femme tient à préciser que, malgré sa volonté de déménager, elle n'a pas réussi à partir.

Pour juger quelqu'un, il faut le connaître. Cette formule est souvent employée par les magistrats pour expliquer la nécessité de se plonger dans le passé des accusés, dans leur enfance, leur scolarité, leur parcours professionnel, dans les méandres de leur vie amoureuse.

La justice missionne des experts psychologues et psychiatres, et des enquêteurs de personnalité, qui rencontrent l'accusé, ses proches, ses anciens enseignants, ou entraîneurs, pour peu qu'il en ait parlé. Régulièrement, ces enquêtes se heurtent au silence. Les souvenirs ont disparu, les archives ne disent rien, les interlocuteurs n'ont pas envie.

Mais pour Raldo, le grand brun dans le box à l'air renfrogné, au CV chargé d'allers et retours en prison pour vol, c'est l'inverse. Vingt ans plus tard, des enseignants ont gardé le souvenir d'un « enfant violent que personne n'arrivait à apaiser ». Un souvenir est évoqué : celui du père, convoqué pour la énième fois à l'école, à Aulnay-sous-Bois, pour le comportement du fils et qui le frappe sous les yeux du directeur. C'est dans une HLM de cette ville que la famille de Raldo a posé ses valises en quittant l'Algérie, il avait quelques mois.

À l'école, le garçon aurait tenté de crever l'œil d'un camarade avec un crayon avant de le lui planter dans la tête. Les psychologues qui l'ont suivi ont noté des « phases de dépression et de psychoses durant lesquelles la déconnexion avec la réalité était réelle ». Le suivi a été interrompu et l'adolescence de Raldo est devenue une succession de placements avortés ou terrifiants.

Adolescent, il a été confié à une association qui organisait des séjours de rupture en Zambie. Voir les chutes Victoria… Raldo pensait faire le tour du monde, aider les Africains. Ces séjours visent à éloigner de leur environnement les jeunes délinquants ou violents, pour les aider à repartir d'un meilleur pied. Leur permettre de se ressourcer. En théorie. Car l'un des stages a viré au cauchemar. Suite à la mort d'un adolescent, les organisateurs se sont retrouvés devant les assises.

Raldo n'y était pas cette fois. Les jeunes pensionnaires étaient attachés à des piquets, obligés de porter des bidons de 25 kilos, sans rien manger, ou laissés nus, un sac-poubelle en guise de slip pendant trois jours, pieds et mains liés, contraints de faire leurs besoins sur eux.

Lorsqu'un adolescent de 15 ans s'est enfui, les autres ont été forcés de le poursuivre. Le fuyard attrapé, il a été ligoté nu dans un enclos à cochons, et sa tête plongée à trois reprises dans une mare boueuse. L'enquêtrice de personnalité a joint à son rapport un article d'Ondine Millot publié dans *Libération*, le 1er octobre 2010, sur le procès.

L'évocation de ces tortures glace la salle et jette le trouble dans l'assistance. Raldo est-il victime et coupable ? Ou simplement un adolescent martyrisé ?

Comme indiqué, il n'était pas dans ce groupe en

Zambie, mais a pu être traumatisé à la suite de mauvais traitements subis lors d'un séjour précédent. Il a confié au juge d'instruction de Bobigny que, vu ce qu'il a enduré plus jeune, il n'aurait pu torturer Petit Père dans cet appartement à Aulnay-sous-Bois.

Raldo connaît Bouba, il savait qu'il cherchait un appartement, il pensait que c'était pour un plan drogue, alors il l'a dépanné, en lui donnant les clés de l'appartement de son ex. C'est une information inédite, jamais évoquée au cours de l'instruction. « Je n'étais vraiment pas dans cet appartement, monsieur le juge », répète Raldo à la cour.

« On va tous y rester »

« Est-ce que vous avez peur? » C'est à Pénélope que s'adresse Marie-Claire Noiriel, l'avocate générale. L'ex-petite amie de Chouk, qui n'avait pas donné signe de vie à l'ouverture du procès, est finalement revenue à Bobigny. Sous bracelet électronique depuis sa condamnation par le tribunal correctionnel, elle aurait eu du mal à se faire oublier de la justice.

« C'est impressionnant pour moi », répond la jeune femme qui a gardé sa grosse doudoune à la barre, comme si elle s'apprêtait à repartir.

L'avocate générale revient sur les écoutes où Pénélope met en cause Docteur, Afif et Bouba.

« J'ai rapporté ce que m'a dit Chouk », dit-elle,

évoquant une « relation fusionnelle et pas très stable » de quatre ans qu'elle préfère aujourd'hui oublier.

À la barre, elle maintient ses déclarations, mais le ton n'y est pas. Elle parle du bout des lèvres, à peine audible. L'huissière s'approche pour avancer le micro, mais invariablement Pénélope recule. L'avocat de Maxime conseille à la jeune femme de se tenir à la barre des témoins, cela lui évitera de s'éloigner du micro, et la cour comme la salle pourront bien l'entendre. Pénélope a-t-elle seulement envie d'être entendue ?

L'avocate générale persiste :

« Je repose ma question : est-ce que vous avez peur ?

— C'est un cauchemar que je revis.

— Est-ce que vous êtes menacée ?

— Non… j'essaye de répondre.

— Vous êtes une personne qui a fait des déclarations capitales, reprend l'avocate générale, autant pour Pénélope que pour les jurés.

— Chouk m'a quittée en Espagne, j'ai fait la navette vers l'Algérie, ma famille était là-bas, j'ai toujours été dans ces trois pays : Algérie, Espagne, France. Le jour où Petit Père est reparti en France, Chouk m'a jetée devant chez moi, chez mes parents à Alicante. Il m'a donné 4 000 €, il devait rentrer en urgence, il avait peur de ce qui l'attendait en France, d'Afif, du Docteur et du Black. Je ne croyais pas ce qu'il m'avait dit, les horreurs dont il me parlait. J'ai eu peur, je suis partie à Alger deux mois. J'ai envie de m'éloigner de tout ça, forcément quand on entend ça… »

L'avocate générale relit chaque écoute.

Il est même question d'un viol anal imposé à l'un des suppliciés. « D'après ce que Chouk m'a dit, c'est Bouba. »

Bouba se lève illico dans le box : « Je ne suis pas un violeur, moi ! » Son avocate le calme.

Les jurés ont droit à la lecture de cette écoute, où Pénélope discute avec Bouba et compare les violences à un « film d'action ».

« Quand vous dites à votre mère que votre sœur menace de tout raconter à Chouk, que cette histoire va partir au drame, vous dites : "On va tous y rester", vous parlez de quoi ? enchaîne l'avocate générale.

— En février, on a déjà abordé toutes ces questions...

— Mais c'est un autre procès ici, intervient le président qui jusque-là laissait l'avocate générale poser les questions. Pouvez-vous répondre, même si ça vous lasse ?

— Des menaces, il y en a toujours eu avec mes parents, dans toutes les conversations », élude Pénélope.

Une juge assesseure prend le relais :

« Savez-vous qui a braqué le convoi ?

— Non, pas du tout.

— Est-ce que vous avez subi des menaces ?

— Au premier jugement, il y a quelqu'un qui sonnait chez moi, j'ai déposé une main courante à la police. »

L'avocate de Bouba, Morgane Le Hir, retente :

« Qu'est-ce que votre sœur menace de révéler à Chouk qui fait trembler la famille ? »

Pénélope est cernée. Sur sa gauche par les questions de l'avocate générale, devant par celles de la juge assesseure, et maintenant à droite par l'avocate de Bouba. Un lapin pris dans les phares d'une voiture. Il faudrait que le temps s'accélère, être plus vieux d'un jour, pour laisser l'angoisse derrière soi.

« J'ai eu tellement de menaces, ils voulaient me voir avec quelqu'un d'autre, propose-t-elle en guise de réponse. Peut-être parce que je l'ai trompé ou que j'ai pris un peu d'argent, sûrement.

— Mais pourquoi dire "On va tous y rester" et ce qu'"on a fait à Chouk" ? reprend l'avocate.

— Ces écoutes remontent à 2014, 2015... C'est loin.

— Qui ment dans cette affaire ? demande Joseph Breham, l'avocat d'Afif.

— Je ne mens pas, j'essaye juste d'aider la justice », répond la jeune femme.

On imagine mal Pénélope avouer son implication ou celle de sa famille dans le braquage du convoi. Pourtant, c'est la question qui transpire des écoutes.

Une autre thèse surgit alors du box des accusés, l'ambiance n'est plus à couteaux tirés comme au procès en correctionnelle. Les accusés échangent lors des pauses. Cette thèse nouvelle suggère que Petit Père et Pénélope sont de mèche, complices dans le détournement de la drogue. Peut-être même avec le Russe,

Sse-ru en verlan, Chouk en parlait à un ami au téléphone en 2015 :

> De toute façon, c'est simple, c'est un mec de Boboche qui a… qui a… vendu les… qui a vendu les cartons, et le mec de Boboche mon frère… le Sse-ru, ils l'appellent le Sse-ru.

« Le Russe » n'a rien à voir avec le passé communiste de Bobigny la rouge. C'est le surnom d'un quadra athlétique né en France, visage taillé à la serpe, un physique à défier James Bond. Le père de famille, officiellement déménageur et originaire du quartier Paul-Éluard à Bobigny, est pour la justice et la PJ un gros poisson du grand banditisme qui a prospéré dans le trafic de stupéfiants et les braquages. Il a même à son actif une évasion du tribunal de Bobigny.

Le commandant Briançon le connaît. Il le convoque pour l'interroger. Déposition sur PV dans les locaux de la PJ, rue de Carency, le rendez-vous est express. Le Russe n'a rien à dire sur le vol du convoi, et d'ailleurs, ce surnom n'est pas le sien. Circulez ! Le contraire aurait été surprenant.

Une jurée aperçoit un homme dans la salle prendre une photo de la cour.

« Le monde est très petit, surtout dans le 93 »

Tout le monde se croise. En arrivant, en repartant. Sauf pour Petit Père qui arrive sous escorte par l'arrière du tribunal, et les prévenus ou accusés jugés détenus, la salle des pas perdus du tribunal de Bobigny est un passage obligé. Témoins, public, avocats, magistrats, huissiers, greffiers, jurés... Le grand hall équipé d'une machine à café et d'un distributeur d'en-cas est un carrefour névralgique qui dessert l'ordre des avocats, le tribunal pour enfants, la cour d'assises, l'accès aux étages et la chambre des comparutions immédiates.

Bobigny, deuxième tribunal de France, n'a rien à voir avec Paris. Il y règne, malgré le volume des affaires traitées, une ambiance de proximité, presque familiale. On croise toujours quelqu'un avec qui discuter, un avocat, un magistrat, un huissier entre deux affaires, un policier du dépôt, parfois en poste depuis bien longtemps. Sans compter la poignée de retraités de Seine-Saint-Denis, Frédéric, Augusto et quelques autres passionnés en quête de plaidoiries hautes en couleur.

Quelques bancs de bois rudimentaires, à l'ombre de grandes fougères, permettent d'observer, de discuter, de faire une pause. Le lieu est végétalisé depuis longtemps ; des palmiers ont même été plantés, comme pour adoucir la dureté des destins qui se scellent ici, en silence ou dans les larmes et les cris. Il arrive de voir des enfants jouer, pendant que leur avenir se décide dans un cabinet de juge des enfants, ou que s'éternise le procès de leurs parents. Ils sont bien trop jeunes pour être admis dans la salle d'audience.

Pendant des années, vers 11 heures, s'élevait le bruit d'un cortège de valises à roulettes, tirées à bout de bras sur les dalles par des hommes et des femmes silencieux, parfois avec des jeunes enfants, jusqu'à la salle du 35 quater, une petite pièce à droite en entrant au tribunal. Quatre mille étrangers bloqués chaque année à l'aéroport de Roissy, faute de papiers ou de garanties suffisantes aux yeux de l'administration pour attester d'une présence temporaire en France. *Personae non gratae*, ils étaient maintenus en zone d'attente, avant d'être convoyés en car jusqu'au tribunal de Bobigny afin qu'un juge des libertés et de la détention examine leur maintien en zone d'attente. La cohorte a cessé en 2017, lorsqu'une annexe judiciaire a été ouverte au pied des pistes de l'aéroport de Roissy, malgré la fronde d'associations et d'avocats du barreau de Seine-Saint-Denis. La salle des pas perdus bruisse aussi de ce qui ne se dit pas à la barre, des confidences non dévoilées sous serment et dont il n'est pas toujours facile d'apprécier la fiabilité. Untel ne le dit pas, mais il y était, l'autre n'est pas monté dans l'appartement, il a vomi dans la voiture, les tortures lui étaient insupportables, et elle, elle savait mais n'a rien dit, elle l'aime toujours, les accusés aussi ont fait des aveux en garde à vue, mais ce n'est pas sur PV, les aveux d'Untel ont été orientés. Aux suspensions où l'on peut partager un café avec un avocat ou un accusé, quelques-uns se hasardent à tâter le terrain auprès du public et des journalistes. Ont-ils aussi trouvé l'accusation bancale? L'article du lendemain s'en fera-t-il l'écho? Sonder les observateurs, c'est aussi avoir une idée de ce que pensent les jurés, tenus au plus strict secret.

Ils n'ont pas le droit de parler de l'affaire jugée, ni de ce qu'ils pensent, ni de ce qu'il se dit entre eux. Le midi, il arrive de se retrouver près de leur table, lorsqu'ils déjeunent d'un plat du jour chez Rosa, d'une pizza au restaurant la Molisana. Ils ne mangent pas tous les jours au restaurant administratif, de l'autre côté de la passerelle. Ils se retrouvent à plusieurs, des petits groupes se forment, d'autres restent seuls, apportent leur pique-nique et tentent, tant bien que mal, de trouver un endroit tranquille. Il n'est pas facile de s'isoler à Bobigny.

Djo aimerait bien qu'on n'ébruite pas trop qu'il a été tiré au sort. Le monde est petit, surtout dans le 93, comme le lui rappelle Sam, un de ses amis par SMS.

Djo: Une affaire de fou, je t'expliquerai

Sam: Dis à personne t sur cet affaire hein on c jms

Djo: Non t'es fou

Sam: Bah oui le monde il e très petit surtt le 93

Djo: Bah oué t'es fou en + c'est des anciens qui sont jugés c'est des gens de 30 ans minimum. Grave le capitaine de police et l'expert médical a dit c'est la 1re fois il tombe sur une affaire aussi grave et les actes de torture c'est pas humain de faire sa tu vois sa que dans les films

Sam: Ouais, j'ai vu sur le parisien. Wesh c de la dinguerie ton histoire là.

« C'est mort, il est protégé par les condés ! » (1er février 2019)

En vingt ans de police en Seine-Saint-Denis, le commandant Briançon n'a en effet jamais connu un tel niveau de violence et de tortures. Le chef d'enquête l'a expliqué en détail à la cour d'assises de Bobigny, pendant quatre heures, à la barre, avant de retraverser la rue pour reprendre ses enquêtes.

Il a quitté les Stups mais travaille toujours à la PJ, au groupe « Cités ».

Ces unités ont été créées en 2008, la première est née en Seine-Saint-Denis, un département éternellement propice aux expérimentations et aux nouveaux acronymes, la police ne faisant pas exception. L'objectif de ces unités est d'identifier les réseaux pour mieux les démanteler avec une panoplie de moyens d'investigation élargie. L'originalité paraît incongrue en Seine-Saint-Denis, tant il y a de cités. Tous les policiers au SDPJ 93 travaillent sur des cités, peu importe le service. Ces groupes Cités sont supposés se concentrer sur les « plus chaudes » en termes de trafic de drogue. Les policiers sont en général des vieux de la vieille, qui connaissent le département depuis longtemps.

Pour lui, l'affaire de Petit Père est de l'histoire ancienne. Son nouveau groupe enquête sur un trafic de drogue de plusieurs centaines de kilos. Des écoutes sont en cours. Casque sur les oreilles, le commandant écoute un dénommé Guimzo, encore un surnom, suspect dans l'enquête en cours sur le trafic de drogue. Il n'en croit pas ses oreilles. Guimzo est en train d'évoquer le procès où le commandant vient de témoigner.

Il parle avec un inconnu, surnommé Razmo, de la possibilité de faire changer d'avis la victime contre un billet.

Razmo : Hé ? Je viens d'avoir le Zient... Je viens d'avoir le Zient là !

Guimzo : Ouais ?

Razmo : Il a dit : « Ouais, s'il vous plaît, faites des prières grave ! »

Guimzo : Ah ouais le pauvre je te jure !

Razmo : Je te jure... Doc... le Doc ça va... mais ils veulent... ils veulent tous sa peau à lui !

Guimzo : À Afo ?

Razmo : Ouais ! Genre il m'a fait de la peine de ouf !

Guimzo : Ah ouais, c'est sûr qu'ils voulaient sa peau !

Razmo : ... il m'a dit : « Ils veulent me voir moi ! » Il m'a dit : « S'il vous plaît dis... de faire des prières, s'il vous plaît ! » Après je lui dis heu... tu m'entends ?

Guimzo : Ouais je t'entends, wallah je t'entends !

Razmo : Après j'y vais... je vais faire quoi, lundi j'y vais, je vais essayer d'attraper le mec, je... je... combien il veut pour boire un café ? On lui donne ! Il m'a dit : « C'est mort il est protégé par les condés ! »

Guimzo : Il est protégé par les condés ?

Razmo : Ouais, ce fils de pute il a demandé à être protégé ! Il a peur ! Il fait son cinéma grave !

Guimzo : C'est qui qui fait ça, c'est le témoin ou... ?

Razmo : Bah le mec qui s'est fait piquer sa mère, là !

Guimzo : Mais c'est qui qui s'est fait piquer, j'ai rien compris !

Razmo : Bah heu... celui qui s'est fait séquestrer là !

Guimzo : Ah ouais, ouais, ouais !

Razmo : Je lui ai dit : « Si tu veux j'y vais lundi, je vais le voir, je... lui parle je lui dis : c'est n'importe quoi, tu veux combien... ! » Il m'a dit : « Il fallait faire ça au début », il m'a dit : « Là, c'est trop tard, il est protégé par les condés ! »

Guimzo : Là c'est mort, c'est trop tard, ça sert à rien !

Razmo : Ouais mais si... si on peut... si... il change sa version. Tu lui donnes un llé-bi ? Parce que jure, ils sont prêts à payer, si je lui dis qu'ils sont prêts à mettre 500 balles, tout le monde il est content hein ! « Tiens je te donne 50 balles tout de suite, tu fais le fou tu dis qu'ils ont rien fait que j'ai rien à voir. »

Guimzo : Ouais mais même si tu lui donnes 50 balles, ça va rien changer Razmo !

Razmo : Non, tu dis : « J'ai dit n'importe quoi en fait, machin, tac, tu changes une autre version », ils vont devenir ouf ! Comme moi une fois, tu te rappelles pas à l'époque ? À l'époque, avec le Renoi, là ?

Guimzo : Ouais...

Razmo : Ils m'ont pas pété, rien ! Ils ont attrapé heu... la Chèvre et... la Chèvre, y avait qui ? La Chèvre, Tarek et Butch ! Tu te rappelles ? Il était dans la merde, il était dans la merde il... il pointait et moi ils me cherchaient ! OK ? Pas de problème, on lui a donné un billet, il est parti voir la juge, c'était pendant l'instruction, il a insulté la juge, il a dit : « Nique ta grand-mère », et après moi je reçois quoi ? Six mois plus tard ou quatre mois plus tard, non-lieu.

Ah la vérité, la vérité moi et... on va y aller si Dieu veut ! Pour mercredi !

Guimzo : Où ? Au jugement ?

Razmo : Ouais !

Guimzo : C'est... c'est toi qui l'as appelé ?

Razmo : Ouais ! Ouais, on s'est envoyé des messages ! Hé, sur Bobigny, il passe aux assises de Bobigny là !

Guimzo : Ouais je sais que c'est à Bobigny, bah...

Razmo : Ouais on y va... en fait... faut faire quoi pour pas que... il faut s'habiller bien ! Après ils disent... T'as capté ? « C'est des racailles », tout ça, t'as capté ?

Guimzo : Ouais, ouais ! wallah y a même plus ça frère ! Ça y est, c'est... Déjà l'histoire elle parle d'elle-même !

Razmo : Ouais mais si le mec il dit : « J'ai inventé des trucs, j'ai réfléchi. » En fait, ça change tout ! Sur le Coran que ça change tout, à la barre ça change tout ! T'as capté ou pas ?

Guimzo : Ouais...

Razmo : Wallah que ça changera tout !

Guimzo : Moi je pense pas hein, que ça va changer quelque chose hein ! Je te dis la vérité hein !

Razmo : Wallah que ça change tout !

Guimzo : Et là en gros, il fait... le plus qu'ils veulent lui mettre sur le dos, c'est Afo ?

Razmo : Ah Afo il m'a dit : « C'est chaud pour moi, ils veulent me voir ! »

Guimzo : Que lui ? Genre heu... genre c'est lui qui gère ?

Razmo : J'ai pas parlé de tout le monde, tout ça, mais il m'a dit qu'ils veulent le voir ! Il m'a dit : « Le pote, lui normalement c'est bon ! » Peut-être qu'il va s'en sortir !

Le lendemain après-midi, c'est Guimzo qui appelle Razmo, toujours sur écoute.

Guimzo : J'allais dire quoi ? Je crois il me fait la gueule le Zient !

Razmo : Hein ?

Guimzo : Je crois il me fait la gueule le Zient, cousin !

Razmo : Pourquoi ?

Guimzo : Bah je l'ai appelé, il m'a pas répondu, le soir !

Razmo : Non mais il répond pas, il répond pas !

Guimzo : Ça sonnait, ça sonnait...

Razmo : Envoie-lui un message !

Guimzo : Je lui ai envoyé un message, il m'a dit « Salem », il m'a répondu, il m'a mis « Salem inchallah », tout ça c'est tout ! Après j'ai vu qu'il avait lu, je l'ai rappelé une petite heure après... ça sonnait, ça sonnait, ça sonnait... ça répondait pas !

Razmo : Ah mets « Salam alekoum, bien ou quoi ? »,

après il va te répondre ! À mon avis, il avait grave des messages hier, t'as capté ?

Guimzo : Ouais peut-être hein... je sais pas, wallah !

Razmo : Avec sa famille, machin tac, tout le monde il l'appelle pour voir ce qu'il s'est passé, y en a plein wallah !

Guimzo : Ouais, c'est pas faux !

Razmo : Là tu lui envoies... y en a plein qui doivent l'appeler, t'as capté ou pas, là, là !

Guimzo : Mais là, y a pas d'assises ce week-end, non ?

Razmo : Non ! Non ! Ils reprennent lundi et... et normalement, le 7...

Guimzo : Ouais cette semaine ils finissent. Mais lundi prochain parce que y a l'autre...

Razmo : Non jeudi, là, jeudi le verdict !

Guimzo : Jeudi, là, là ?

Razmo : Ouais !

Guimzo : Wallah... putain... !

Razmo : Ah ouais !

Guimzo : Ah son cœur, comme il doit faire...

Razmo : J'ai parlé avec Butch, Butch il m'a dit... ah ouais, il m'a dit... il m'a appelé tout à l'heure il m'a dit : « Wallah, c'est chaud leur truc ! Wallah j'ai vu leur truc, c'est chaud ! » II m'a dit : « Ça pique hein ! » Il m'a dit : « Ça va piquer hein, c'est chaud ! » Faut qu'ils fassent tawba [*une prière de repentir*], il faut qu'ils demandent pardon pour ce qu'ils ont fait !

Guimzo : Bah c'est la vérité hein !

Razmo : Après j'ai dit : « Wallah c'est vrai ! » Mais

après il m'a dit : « T'as raison ! » Bah ouais, c'est la base !

Guimzo : Bah ouais, parce que t'as fait du mal, la famille ! À quelqu'un qui le méritait même pas en plus ! Wallah ! Déjà à quelqu'un qui le méritait, Dieu il aime pas ça ! Dieu il aime pas que tu te venges par le sang ! C'est la vérité, frère ! Moi je lui souhaite vraiment pas, Dieu, Dieu, qu'ils lui mettent pas quinze ans !

« C'est trop tard, frérot » (4 février)

D'une enquête à l'autre. Le 4 février, Razmo rappelle Guimzo, ils reparlent du procès. Les policiers ont intérêt à s'accrocher pour suivre.

Razmo : Hé, je suis parti à... aux assises là, sur la zone !

Guimzo : T'es parti où ?

Razmo : Aux assises, aux assises !

Guimzo : Ah t'as été aux assises ?

Razmo : Ha c'est chaud un peu, frère hein ! Un peu, c'est chaud !

Guimzo : Et ils parlaient à qui là ?

Razmo : Hein ?

Guimzo : Ils parlaient à qui ?

Razmo : Non, ils parlaient vite fait, ils ont parlé à Docteur vite fait, parce que le truc de drogue là ils lui ont ramené un expert... un expert, un psychologue... ça fait ! Le mec il dit : « Ouais, ça fait ça, ça, ça, ça, ça ! » Après il a dit : « Monsieur, levez-vous ! Qu'est-ce que vous avez à dire ! — Monsieur le président, j'ai aucune objection à vous dire ! » Après il lui a dit : « OK rasseyez-vous ! » Après y a qu'un mec qui parlait, ils ont parlé... Docteur, il a parlé...

Guimzo : Ah qu'est-ce que tu veux que je te dise ?

Razmo : Et après heu... hé, tu sais quoi ? Ils lui ont ramené à Afo les trois piges tu te rappelles, au sujet de l'Italie ?

Guimzo : Ouais !

Razmo : Ils lui ont ramené !

Guimzo : Jure ?

Razmo : Juré, ils lui ont ramené !

Guimzo : Il avait pris combien ?

Razmo : Trois !

Guimzo : Ouais, c'est ça, trois hein ! Ah ouais ! T'as été avec qui ?

Razmo : J'ai été avec Butch et Hocine.

Guimzo : Hocine ?

Razmo : Ouais, Hocine ouais !

Guimzo : Il y avait du monde ?

Razmo : Non y avait moi, Butch et Hocine et... tu vois y avait qui Youcef heu... la Fifa...

Guimzo : Ouais ? Et le Docteur, comment ça se fait qu'ils lui ont pas ramené ?

Razmo : Mais le Docteur il était pas jugé, là-bas !

Guimzo : Ah ouais c'est vrai qu'il était pas... il avait rien eu il avait... ah ouais c'est vrai ! Il avait rien eu lui ! Le Renoi, il a tout piqué, il a dit : « Tout c'est moi ! »

Eh mais ça ils connaissent les « tout c'est moi », ils savent les juges, hein!

Razmo: « Tout c'est moi, eux ils étaient pas là, et... c'était avec deux autres potes à moi »... il a dit: « C'était avec deux autres potes à moi heu... je préfère pas dire c'est qui et repartir la tête haute! »

Guimzo: Ah ça veut dire heu... ils s'en battent les couilles de... Afo

Razmo: Hein?

Guimzo: Afo, ils disent qu'il était là dans la séquestr'?

Razmo: Ouais, ils disent qu'il était là!

Guimzo: Mais ils ont quoi qui prouve qu'il était là?

Razmo: Heu... le mec il dit que c'était la voix plus heu... comment ça s'appelle? C'est Chouk au téléphone, heu... avec... là! Ils ont dit des trucs de ouf!

Guimzo: Ouais, il est mort, ça y est!

Razmo: Ils ont dit des trucs de ouf, après là, Chouk il s'est remis dans...

Guimzo: C'est pas lui, zarma?

Razmo: Chouk il a dit: « C'est pas eux, ils étaient pas là! »

Guimzo: Hé, mais c'est trop tard, frérot, ça!

Razmo: Après ils ont demandé : « Ouais pourquoi vous avez dit ça nananana? — Bah pourquoi, parce que moi j'ai cru que c'était eux qui m'avaient... qui m'avaient niqué, bah moi je voulais les enfoncer! »

Guimzo: Putain mais il a brûlé la bite et le trou du cul, je sais pas comment ils ont eu les couilles de faire ça.

Le Renoi qui prend tout, c'est Bouba. Capable de violence, d'une certaine honnêteté aussi, à fleur de peau. Il prend le trafic, il prend l'enlèvement, il prend les violences et la séquestration. Mais il refuse de dire qui est complice, qui a pris plaisir à faire souffrir dans le huis clos de ce F3, que chacun s'arrange avec sa conscience. Depuis le début du procès d'assises, son attitude dénote. C'est le seul du box à en admettre autant. On n'entrevoit pas de malice, Bouba est brut de décoffrage. Pourquoi ne cherche-t-il pas à minimiser davantage ? À quoi tiennent des aveux ? Un tempérament, une histoire familiale, la confiance d'un avocat, une introspection derrière les barreaux ? En détention, Bouba voit un psychologue. L'expert qui l'a interrogé note son « souhait de repentance » envers la victime. « Je dois lui rendre des comptes car je sais que ce n'est pas elle qui a volé la drogue, et je lui ai fait mal, j'ai énormément de regrets du mal que j'ai fait. Je dois payer la conséquence de mes actes pour leur rendre justice. J'ai encore plus de remords par rapport à l'islam. »

Lui aussi a grandi dans une cité HLM à Aulnay-sous-Bois, cinquième d'une fratrie de sept, père polygame qui fait vivre la famille avec son salaire d'agent d'entretien. Sa mère est la seconde épouse. Quand il a été exclu du collège, Bouba a été envoyé par son père au Sénégal pendant trois ans. De retour en France, il a alterné les petits boulots dans l'intérim, l'animation et le trafic, des amis étaient dedans.

L'accusation attendait pourtant davantage de

Bouba à ce procès. En correctionnelle, il avait promis de s'expliquer aux assises. Mais c'était avant que surgisse du box des accusés cette nouvelle thèse impliquant Petit Père et Pénélope dans le vol du convoi. Si Petit Père a finalement participé au vol, il y a peut-être moins de regrets à avoir.

C'est déjà l'heure des plaidoiries. Les avocats des parties civiles s'adressent à la cour et aux jurés. « Faites honneur à un homme à qui on a tout pris, redonnez-lui un soupçon de dignité, alors qu'on vient de lui infliger une double torture, car à l'exception de Bouba les autres nient les faits », plaide Anne-Charlotte Mallet, l'avocate de Petit Père. Le conseil de Maxime estime qu'« à mêmes coups et mêmes blessures, victime égale ». Les réquisitions sont attendues le lendemain.

« La loi du silence » (5 février)

« L'oralité des débats fait mauvais ménage avec la loi du silence. » C'est un moment charnière du procès. L'heure des réquisitions qui remplit presque inévitablement la salle d'audience. Savoir combien le parquet va demander, comme un avant-goût de l'épilogue. Même si la cour est libre de décider ce qu'elle veut.

Marie-Claire Noiriel a quitté son siège d'avocate générale pour rejoindre, quelques marches plus bas, le milieu de la salle, à la barre des témoins. D'ici, elle peut voir toute la cour, chaque juré, sans qu'ils aient à tourner la tête. Par une fine connaissance du dossier qu'elle suit depuis quatre ans, elle a porté l'audience, relisant les écoutes que le président n'a pas détaillées, pour confronter les accusés qui se terraient dans l'oubli ou la dénégation. Face aux avocats qui n'ont rien lâché et des témoins amnésiques ou absents, des accusés cherchant à en dédouaner d'autres, la partie n'a pas été simple.

« On n'a cessé de salir l'enquête, et le juge d'instruction, mais toutes les auditions criminelles sont filmées, tout avocat de la défense peut en demander la diffusion. Quand on entend qu'il s'agit d'aveux orientés, qu'on demande la diffusion ! Arrêtons ce fantasme de la théorie du complot. Vous n'êtes pas ici par l'acharnement d'un juge d'instruction, mais par une enquête qui a duré quinze mois. » La semaine qui vient de s'écouler laisse présager de lourdes réquisitions. Pour l'avocate générale, personne n'est là par erreur.

En ce qui concerne la seconde séquestration, à laquelle Petit Père pense avoir échappé, chez Maxime, aux Pavillons-sous-Bois, c'est différent. L'avocate générale commence d'ailleurs par cette séquence de fin, pour mieux l'évacuer. « Maxime, se sentant trahi, s'en était pris à son ami qui à bout de nerfs et terrifié racontait n'importe quoi », estime l'avocate générale. Elle réclame un an de prison avec sursis et mise à l'épreuve contre Maxime et Mehdi, avec une obligation de soins.

Tous les regards se tournent ensuite vers le box. Afif, Bouba et Docteur sont les commanditaires du trafic, la preuve, ils ont tous été condamnés à de la prison, entre quatre et sept ans, leur condamnation est définitive puisqu'il n'y a pas eu d'appel. C'est donc acté. L'enlèvement de Petit Père et de Maxime s'est ensuite joué en triangle, poursuit l'avocate générale : piloté à distance par Chouk qui envoie Docteur en éclaireur et deux autres personnes. Chouk « ne s'est pas sali les mains », mais a aussi des intérêts dans cette affaire, il est aussi responsable que les autres. Dans le rôle du tortionnaire qui prenait plaisir, l'avocate générale est persuadée qu'il s'agit de Raldo. Petit Père a reconnu sa voix, les tortures font terriblement écho à celles qu'il a lui-même subies adolescent.

Bouba a reconnu les faits dès le départ, et c'est le seul auquel elle « accorde le crédit d'une certaine sincérité, la seule chose qu'il ne peut pas supporter, c'est qu'on l'accuse d'être un violeur ».

Docteur n'est pas non plus dédouané. « Évidemment, il a essayé de calmer le jeu, mais ça n'a pas marché, il s'est désolidarisé. Il y avait la vie de deux hommes en jeu, il fallait aller plus loin. Entre la vie de deux hommes et les copains, le choix a été fait. Un appel anonyme aurait suffi ! » estime la magistrate.

Elle réclame entre seize et dix-huit ans de prison ferme contre Afif et Bouba pour l'enlèvement en bande organisée suivi d'actes de torture et de barbarie.

Treize à quinze ans contre Raldo pour la séquestration et les tortures. Dix à douze ans contre Chouk qui, « même s'il ne s'est pas sali les mains, est au cœur de l'enlèvement et de la séquestration ». Huit à dix ans sont demandés contre Docteur, responsable de l'enlèvement, « sans lui rien n'est possible ». Enfin, elle requiert trois ans avec sursis et mise à l'épreuve contre la locataire de l'appartement, l'ex de Raldo, pour non-assistance à personne en danger.

Dans la salle pleine à craquer, la température est montée de plusieurs degrés.

« Il y a un petit juré, c'est un mec du 13 » (6 février)

Les robes noires de la défense se sont organisées pour l'ordre des plaidoiries. L'enjeu est lourd: convaincre les jurés de réduire les peines demandées et tenter de faire acquitter plusieurs accusés. Les jurés vont devoir rester concentrés plusieurs heures. Beryl Brown, l'avocate de Chouk, insiste sur le rôle secondaire de son client qui « n'arrive qu'à minuit, enlève les menottes de Maxime ». « Il est arrivé dans une situation qui avait dérapé, il a fait ce qu'il a pu. » Chouk, le libérateur.

De sa voix de ténor, l'avocat de Raldo, Jean-Christophe Tymoczko réclame l'acquittement. « Il est impossible de reconnaître une voix avec certitude, contrairement aux empreintes digitales ou à l'ADN », insiste l'avocat. « Vous pouvez l'acquitter, en tout cas ne le condamnez pas pour ce qu'il n'a pas commis. »

Et pendant ce temps, Razmo, toujours au téléphone avec Guimzo, indique avoir « chopé un petit juré ».

Guimzo : Hé, t'as vu les peines de fou, bâtard ? Hé, ils ont dit des peines de malades !

Razmo : Wallah, c'est des peines pires que des malades !

Guimzo : C'est chaud hein !

Razmo : Ouais c'est chaud, wallah, c'est chaud !

Guimzo : Hé ils ont dit : quinze ans à Afo, c'est des fous ! Quinze-dix-huit ans ?

Razmo : Quinze-dix-huit ans, ouais, wallah !

Guimzo : Le Docteur, huit-dix ans !

Razmo : Ouais ! Non mais ils vont pas... ils vont pas prendre ça !

Guimzo : Si Dieu veut !

Razmo : Ouais, ils vont prendre moins si Dieu veut.

Guimzo : Butch il m'a dit, il y a un petit juré, c'est un mec du 13.

Razmo : Ouais ! Ouais, on l'a chopé !

Guimzo : Tu l'as chopé ?

Razmo : On l'a chopé moi et Butch !

Guimzo : Ah ouais, putain, ils ont de la chatte sur ce coup-là !

Razmo : Ouais ! Bref, je t'expliquerai après !

Rappelez-moi, urgent. Le commandant Briançon envoie un SMS à Marie-Claire Noiriel, l'avocate générale. Il doit attendre une suspension entre deux plaidoiries pour expliquer la situation, même si l'expression « On l'a chopé » suffit à résumer l'urgence. Bluff ou pas, l'écoute doit être discutée rapidement pour décider de la suite.

C'est le branle-bas de combat, le patron de la PJ et le commandant traversent la rue, grimpent au quatrième étage, le parquet est prévenu, deux procureurs adjoints les attendent. Tout le monde s'installe dans la salle de réunion. Si un juré a bien été approché, ce que rien ne prouve à ce stade, le procès est en péril. Mais pour arrêter la machine judiciaire il faudra dévoiler les écoutes, autant faire une croix sur l'enquête en cours. Quatre étages plus bas, l'avocate générale alerte le président de la cour d'assises. Le procès, qui arrive presque à son terme, se poursuit avec les dernières plaidoiries des avocats de la défense. Ils exhortent les jurés d'entendre les doutes qui doivent profiter aux accusés.

À l'audience, personne d'autre ne connaît l'existence de ces écoutes parallèles. Les plaidoiries se terminent. Le lendemain matin, la parole est donnée aux accusés une dernière fois avant le délibéré.

Maxime, Mehdi et Docteur n'ont rien à ajouter. Les autres s'approchent d'un micro.

« Je n'étais pas là, je n'ai jamais prêté mon appartement », indique la locataire à la barre.

Chouk: « Je n'ai rien à ajouter pour ma défense,

je m'excuse auprès des victimes. Et je leur souhaite des jours meilleurs. »

Afif : « Je n'ai pas participé, ni à l'enlèvement ni à la séquestration. »

Raldo : « Je n'étais vraiment pas dans cet appartement. »

Bouba : « Je n'ai rien à ajouter, les victimes savent déjà. »

Fin des débats. Dans quelques instants, la cour et les jurés quitteront la salle pour délibérer, en secret, dans une salle fermée à l'arrière, dont ils ne ressortiront qu'une fois leur décision prise. Arrive le moment solennel où le président rappelle leur devoir aux jurés : « La loi ne demande pas compte à chacun des juges et jurés des moyens par lesquels ils se sont convaincus, elle ne leur prescrit pas de règles desquelles ils doivent faire particulièrement dépendre la plénitude et la suffisance d'une preuve. Elle leur prescrit de s'interroger eux-mêmes dans le silence et le recueillement et de chercher, dans la sincérité de leur conscience, quelle impression ont faite, sur leur raison, les preuves rapportées contre l'accusé, et les moyens de sa défense. La loi ne leur fait que cette seule question, qui renferme toute la mesure de leurs devoirs : "Avez-vous une intime conviction ?" »

Le verdict en avant-première

Sans le savoir, j'ai reçu le verdict en avance. Il fait nuit depuis longtemps en ce soir d'hiver 2019. Les jurés se sont retirés vers 10h30 pour délibérer, après les derniers mots des accusés. Vu le nombre d'accusés et de questions posées pour chacun, la cour ne reviendra pas avant 20 heures, au plus tôt. La greffière doit prévenir les avocats et l'avocate générale une demi-heure avant, afin qu'ils aient le temps de rejoindre le palais de justice. Les avocats sont déjà là, ils patientent à l'ordre, un local garni de canapés moelleux et équipé d'une machine à café qui donne sur la salle des pas perdus. Quelques bouteilles ont été ouvertes pour tuer l'attente et le stress du verdict à venir.

Je n'y suis pas. De retour chez moi, je garde les yeux rivés sur mon téléphone portable, l'ordinateur allumé, guettant le message qui m'annoncera le verdict. Les journalistes s'arrangent en général avec des avocats, le parquet, ou des familles proches des parties, pour être informés. Il me reste encore un peu de temps pour que le verdict figure dans l'édition du *Parisien* du lendemain.

Vers 22 heures, un message s'affiche sur mon téléphone: *14 ans pour Bouba, 7 pour Chouk, le reste acquittement.*

Le reste? Je m'étonne de cette formulation. Cela voudrait dire six acquittements, c'est inattendu. Avec le temps, j'ai aussi appris à me méfier de mon intime conviction. J'ai encore à l'esprit des verdicts incompréhensibles qui ont été infirmés en appel. Des charges sont ici discutables, c'est évident, mais cette majorité d'acquittements paraît improbable au terme des onze jours d'audience.

Je relance par SMS : *Ah bon, rien de plus précis ?*

Non. La cour n'est pas revenue.

Ah ? C'est normal ?

Non.

À cet instant, je ne mesure pas encore l'ampleur des conséquences. Je me demande si un avocat a pu croiser la greffière dans les couloirs. Je ne comprends pas ce qu'il se passe, pour moi c'est totalement inédit, et sans davantage d'informations, il paraît bien difficile d'y voir clair.

Pendant ce temps à Bobigny la cour fait prévenir de son retour imminent. Le jugement est encore en cours de rédaction, c'est l'affaire de quinze, vingt ou trente minutes sans doute. La salle est rallumée, les policiers ouvrent les portes. Il y a un monde fou, la rumeur bruisse, les gens se parlent, ça murmure de partout, les va-et-vient sont parfaitement inhabituels en pareil moment.

Anne-Charlotte Mallet aperçoit une consœur, la mine grave, elle lui demande si ça va. « C'est tombé », lui répond l'avocate qui confirme le verdict : quatorze ans pour Bouba, sept pour Chouk, le reste acquittements. Me Mallet se dit que ce n'est pas possible… La rumeur va très vite. Partie de la salle, elle se propage aux avocats, à l'avocate générale. Florian François-Jacquemin, l'avocat de Maxime, n'y croit pas non plus.

« La prophétie, c'est un classique, mais là je n'imagine pas la cour acquitter, au vu des débats, des réquisitions, des plaidoiries. »

« Vaste blague ! » pour Jean-Christophe Tymoczko, l'avocat de Raldo. Il ne se trouve pas à Bobigny, mais son associé l'a prévenu par SMS. Sa réponse : « Et la Vierge Marie, elle apparaît quand ? »

Tout le monde est au courant. « Toi, t'as pris sept ans », s'entend dire Beryl Brown, l'avocate de Chouk. Le calcul est vite fait : si on lui accorde une confusion de peine, Chouk pourra bientôt demander un aménagement.

La sonnerie retentit, la cour revient. Il s'est écoulé vingt minutes, trente au plus, depuis l'appel de la greffière. Le président entre le premier suivi des deux assesseures et des jurés, six titulaires et trois suppléants. Chacun regagne le siège occupé pendant le procès. Le président lit les réponses aux questions, une par une, pour chaque accusé, pour chaque crime ou délit reproché. L'enlèvement en bande organisée, oui, non, les violences, oui, non, les actes de torture et de barbarie… Beaucoup de questions, en raison du nombre d'accusés, dont la plupart se soldent par un non, dessinant peu à peu le verdict.

Sept ans pour Chouk, quatorze pour Bouba. Maxime et Mehdi sont reconnus coupables de violences sur Petit Père aux Pavillons-sous-Bois – avant qu'il ne parvienne à s'enfuir –, mais dispensés de peine. Les quatre autres sont acquittés.

Le tableau final est inattendu, fidèle à ce qui m'a

été communiqué une demi-heure plus tôt. La rumeur disait vrai. La fuite est donc fort probable.

Assise devant le box des accusés, Morgane Le Hir est effondrée. Son client, Bouba, pose sa main sur son épaule : « Ça va aller, maître, ne vous inquiétez pas. »

« Quatorze ans de réclusion pour un accusé qui reconnaît, qui a seulement 27 ans, pas de casier ou presque. Est-ce que c'est ça, la justice ? » se demande-t-elle. Aurait-il dû se taire, comme les autres ? Florian François-Jacquemin tente de la réconforter. La salle se vide, sans heurt. Petit Père explose : « Justice de merde ! »

« Éléments à charge insuffisants. » Telle est la formule par laquelle la cour a motivé les acquittements. Les peines prononcées contre Bouba et Chouk sont à l'aune de leurs déclarations. Bouba a tout reconnu et la cour attribue à Chouk un rôle de « modérateur ». Le verdict a vraiment mis de côté les écoutes téléphoniques.

Les lumières de la salle des assises ne s'éteignent pas tout de suite. On passe à l'audience sur les intérêts civils où va se décider le montant des indemnisations consenties aux victimes, sans les jurés. Ils sont déjà partis. Restent les accusés reconnus coupables, les parties civiles, leurs avocats et les magistrats. Si des indemnisations sont octroyées à Petit Père et Maxime, ce sera à Chouk et Bouba de payer.

L'avocat de Maxime, Florian François-Jacquemin, prend la parole. Il n'est pas question pour lui de faire comme si rien ne s'était passé. Il indique au président que la salle a eu connaissance du verdict avant qu'il ne soit prononcé. « Ce n'est pas l'objet de l'audience », lui répond en substance le président. Et il renvoie le débat sur les intérêts civils à une date inconnue. Personne ne se doute encore qu'il faudra attendre deux années supplémentaires.

L'usage prévoit qu'avocats et magistrats se retrouvent ensuite à l'arrière afin de saluer le président. Bien peu s'y rendent, la soirée n'est plus aux usages.

Finalement, mon article paraîtra uniquement sur le site Internet du *Parisien* avec un titre très factuel : « Tortures de drogue : deux condamnations et des acquittements ». L'analyse attendra. Trop d'éléments m'ont échappé. Manifestement, je ne suis pas la seule.

Gueule de bois

Bobigny se réveille avec la gueule de bois. Cette fuite de verdict jette le trouble, sinon le discrédit, sur le fond du jugement. Et si les acquittements avaient été forcés ? Ces neuf jurés, six titulaires et trois suppléants, comptaient-ils parmi eux un Henry Fonda ? Suffisamment convaincant, comme dans *Douze hommes en colère*, pour acquitter la plupart des accusés ? Dans le film de Sidney Lumet, un jeune homme risque la peine de mort pour le meurtre de son père. Le seul juré à avoir voté non coupable s'attache à semer le doute dans l'esprit des onze autres.

À Bobigny, la peur a-t-elle guidé les votes ? La rumeur de cette photo volée, prise du public pendant le procès, est-elle la clé ?

Le silence gêné des autorités indique que le malaise se propage au-delà de la Seine-Saint-Denis. Personne ne se hasarde à prendre officiellement la parole, le sujet est sensible. Place Vendôme, on suit l'affaire de près, la fuite signe un dysfonctionnement de la justice.

À défaut d'explication, un article s'impose. Petit Père n'en a pas dormi de la nuit. Au téléphone, j'entends un homme en colère. « C'est une parodie de justice ! Je suis mortifié par cette absence de vérité, il aurait fallu quoi, mourir ? Mais jamais je ne renoncerai à ma quête de vérité. Sachez que je suis debout ! » prévient-il[1].

La fuite nourrit inévitablement des soupçons sur les acquittements d'Afif, de Docteur et de Raldo, contre lesquels huit à dix-huit ans de prison étaient requis. « Ces rumeurs ne sont que la représentation du ressenti des proches sur le déroulé de l'audience », tempère Joseph Breham, l'avocat d'Afif.

« Cela jette le discrédit sur un acquittement mérité », martèle Chloé Arnoux, l'avocate de Docteur. Sentiment partagé par son confrère Tymoczko. « Cela jette le discrédit sur la décision en elle-même,

1. *Le Parisien*, 9 février 2019.

alors que, concernant, mon client, elle était fondée, en droit comme en faits. »

À ce moment-là, les écoutes sur l'approche du « petit juré » sont encore confidentielles. Le parquet fait appel contre tous les accusés, à l'exception de Maxime et de Mehdi. Un second procès aura donc lieu. Mais cela signifie aussi qu'en appel les jurés se concentreront sur les faits de torture et de barbarie subis par Petit Père et Maxime. Unité de lieu, unité de temps, six accusés au lieu de huit. De surcroît, les accusés se trouveront d'un côté et les parties civiles de l'autre. Fini le mélange des genres avec un Maxime accusé de violences et victime de tortures. L'examen des faits devrait être simplifié.

Confidentielle, aussi, l'enquête ouverte pour association de malfaiteurs, corruption active, corruption passive, violation du secret du délibéré, des faits passibles de dix ans d'emprisonnement. « Il paraît évident, au vu des conversations, que des proches des deux accusés bondynois au procès ont élaboré une manœuvre pour influencer le verdict certainement en échange d'une somme d'argent au vu du passé où cette technique s'est avérée payante et efficace et au vu de la somme qu'ils étaient prêts à donner à la principale victime pour revenir sur ses accusations », précise le préambule du rapport de police. Une juge d'instruction de Bobigny, Delphine Yéponde, est désignée. Rapidement, elle demande une cosaisine, une seconde juge la rejoint pour diriger cette enquête qui vise la sphère judiciaire. Affaire sensible.

Le parquet de Bobigny n'officialise pas tout de suite l'ouverture de cette information judiciaire. Évoquer l'enquête, c'est prendre le risque que les artisans de la fuite du verdict soient davantage sur leurs gardes.

Des acquittements totalement infondés, la note qui accuse

Quelques jours plus tard, le président de la cour d'assises, Philippe Jean-Draeher, adresse une note interne à la première présidente de la cour d'appel, Chantal Arens, « sur la difficulté de juger les criminels en Seine-Saint-Denis ».

Une pratique peu habituelle, m'ont confié a posteriori plusieurs magistrats interrogés sur le sujet. Les magistrats n'ont pas à se justifier, la décision de la cour est collégiale.

Je savais, par mes confrères Marc Leplongeon (*Le Point*) et Julie Brafman (*Libération*), quelle en était la teneur dans les grandes lignes, j'ai découvert son contenu quatre mois plus tard. Cette note de deux pages ne prend pas de gants avec le secret du délibéré :

« En préliminaire au délibéré, j'avais procédé à un rappel particulièrement ferme sur le principe du secret des délibérations "général et absolu" évoquant les sanctions encourues et les condamnations prononcées, invitant les jurés à "éteindre" leurs téléphones. Très vite, lors des prises de parole des jurés, une tendance quasi unanime est apparue, à refuser la culpabilité de certains accusés malgré toute la pédagogie et la patience dont nous fîmes preuve avec mes collègues, à l'occasion des nombreux tours de table préalables aux votes. Il s'est ensuivi, malheureusement, des acquittements totalement infondés et contraires aux certitudes résultant tant de la procédure d'enquête, d'information que des débats devant la cour. »

Le président indique avoir été informé par l'avocate générale que la décision « avait été préalablement divulguée, tant auprès des avocats que des membres de l'auditoire ». Avocate générale, ajoute-t-il, qui « maîtrisait parfaitement ce dossier particulièrement complexe et qui a fait face, seule, à une défense nombreuse et virulente ».

Une telle décision rendue, indique-t-il, « au mépris des règles garantissant le bon déroulement du procès d'assises, dans un climat dépourvu de toute la sérénité requise et aussi absurde quant au sort de certains accusés acquittés, doit être réexaminée par une cour d'assises d'appel ».

Il juge utile de préciser que l'information judiciaire ouverte doit permettre de « donner une suite judiciaire à ces agissements graves mettant en péril le fonctionnement de la cour d'assises ».

Une situation « particulièrement inquiétante, conclut-il, qui met en cause le bon fonctionnement de la justice dans ce département ».

Signé cinq jours après le verdict, ce courrier interne ressemble au parapluie qu'on ouvre avant l'averse.

« Une bombe à retardement »

Le 25 février, Guimzo est toujours sur écoute. Razmo l'appelle pour lui dire que le Zient lui a demandé un service.

Razmo : J'ai eu le Zient au téléphone.

Guimzo : Hein ?

Razmo : J'ai eu le Zient au téléphone hier.

Guimzo : Ah ouais, il t'a dit quoi ?

Razmo : Il voulait que je lui rende service, putain, il m'a dit va chez moi, va à porte de Saint-Ouen donner un billet à un mec, je lui ai dit vas-y, c'est quoi un billet ? 3, 400, 500 max, 1 500 max, je lui rends service, il m'a dit 20 000… envoie-moi dans ta planque ouais tranquille, il m'a dit viens chez moi, j'ai trouvé quelqu'un d'autre, abdullah cousin, les boules, j'avais la flemme, Villepinte, Saint-Ouen, wallah, euh voir sa femme, heureusement que je l'ai pas vue, ça va faire chelou.

Guimzo : T'es parti où vendredi ?

Razmo : Non je suis pas parti, il m'a pas attendu, il m'a dit sinon je trouve un poto, il était dispo direct. C'est la vie, comme d'hab quand même.

Guimzo : Wallah.

Razmo : T'as vu leurs histoires, leur histoire d'assos un truc comme ça ils sortent tous. Y a un nouveau truc qui est sorti là.

Guimzo : Une nouvelle histoire ?

Razmo : Il m'a envoyé un truc hier, il m'a envoyé un truc pas michto.

Guimzo : Qui t'a envoyé un truc ?

Razmo : Lui.

Guimzo : Le Zient ?

Razmo : Ouais

Guimzo : C'est pas michto.

Razmo : Attends, je vais t'envoyer, tu m'appelles pas, tu m'appelles pas, dis rien, attends c'est... wallah, j'ai mal à la tête.

Guimzo : Ah tu sais pas le bon Dieu cousin...

Razmo : Il a une migraine, il dort plus, c'est une bombe à retardement.

Guimzo : C'est normal qu'il ne dort plus, on aurait été tous dans le même cas, frérot, wallah et en plus ça fait galérer.

Razmo : Hamdoulillah tout s'est bien passé.

Guimzo : Ben oui, y a qu'Allah, on compte que sur Allah, frérot... repentis-toi frérot.

Razmo : Mais t'as vu ce qu'ils ont avoué aussi.

Le policier qui retranscrit l'appel vérifie les numéros, il remarque un échange WhatsApp associé à la ligne d'Afif, en prison.

Guimzo n'intéresse plus uniquement le groupe Cités. Ses appels sont désormais écoutés de près par le groupe du capitaine Angélique Bui Trong, à la PJ du 93 aussi. Le but est de trouver la taupe et ses motivations, savoir si la fuite du verdict peut aussi expliquer les acquittements. Le 26 février, Guimzo est au téléphone avec une femme, la PJ pense que c'est sa sœur.

Guimzo : Allô ?

Sœur : Ouais ! Oh, là là ! Mais pourquoi ils ont fuité les gens, ils peuvent pas la fermer ceux qui savaient ? Ils sont débilos ou quoi ?

Guimzo : Laisse tomber !

Sœur : Mais c'est qui lui ?

Guimzo : C'est son beauf.

Sœur : À qui ?

Guimzo : À Afo ! C'est pas qu'il a balancé, il a ouvert sa gueule !

Sœur : Mais il est débilos.

Guimzo : Tu sais comment c'est chaud ça, en ceFran ou pas ?

Sœur : Hein ?

Guimzo : En France, c'est chaud ça, c'est pas au bled, hein !

Sœur : Hé mais ouais, c'est... c'est...

Guimzo : Ils ont jamais vu ça de leur vie, hein !

Sœur : T'as vu ce qu'ils ont dit ? Ils ont dit que y avait eu de la pression sur les jurés.

Guimzo : Bah ouais ! Là ils vont faire une enquête de fou !

Sœur : Bah j'espère qu'ils vont pas réussir à voir !

Guimzo : Bah déjà ils ont fait appel, ils passent à Paname !

Sœur : Ah les pauvres !

Guimzo : Et dis-le pas aux gens hein !

Sœur : À qui tu veux que je le dise, moi ? Wallah ça va se passer, ça fait qu'ils vont être rejugés, donc ils vont pas être à... comment dire ?

Guimzo : Bah faut qu'ils se fassent rejuger !

Sœur : Ils vont pas être euh... comment on dit ? Je manque de mot là...

Guimzo : Acquittés ?

Sœur : Oui ! ils vont pas être ça ?

Guimzo : Bah... hé, hé... je sais pas, ils disent comme quoi euh... t'as bien vu ce qu'ils ont écrit comme quoi, ça été trafiqué.

Sœur : Ça fait de la peine !

Guimzo : Et là ils vont en appel, et c'est un autre jugement, c'est un autre jury, c'est... d'autres.

Sœur : Ah ils doivent être dégoûtés, les pauvres !

Guimzo : Sérieux quoi ! Le procureur, il lui a dit : « dix-huit ans de prison », après il lui a dit : « acquitté ». Euh... sérieux quoi !

Sœur : Ohhh !

Guimzo : C'est des vraies peines là, c'est pas des peines de rigolade...

Sœur : J'ai dit, tout le reste, il y en avait huit, y avait Docteur et six autres personnes, ils ont dit huit personnes acquittées !

Guimzo : Non, il y a que Docteur et Afo qui se sont fait acquitter !

Sœur : Ah bah ça veut dire que le Docteur, le pauvre, c'est mort !

Guimzo : De quoi ?

Sœur : J'ai dit Docteur, lui aussi il prend ! Alors qu'il a rien à voir avec lui !

Guimzo : Bah déjà il a pris sept ans dans l'histoire des stupéfiants. Tu sais quoi, la peine là ? Déjà cinq pour les stups... plus deux de l'Italie, ils lui mettent là dix ou quatorze ans, tu sais ça fait combien ou quoi ? Ça fait vingt-cinq ans.

Sœur : Merde alors !

Guimzo : Sa vie elle s'arrête là, hein ! Je te le dis, il est fini hein ! Même t'es bien, t'es millionnaire grave, ça vaut pas le coup hein !

Sœur : Oh... si Dieu veut...

Guimzo : Par contre, s'ils sont bien, ils sortent !

Sœur : Ouais mais... ça va être un peu chaud quand même hein ! Parce que là, les jurés ils vont être surveillés à mort !

Guimzo : Ouais, de fou ! Là, c'est chaud ! Pour esquiver, ça va être dur !

Sœur : Oh ! Quel débile...

Guimzo : Où est-ce qu'il est ça va être bien !

Sœur : c'est la première fois qu'on entend un truc débile pareil !

L'hypothèse d'une corruption de jurés est désormais médiatisée[1]. Et Razmo dort très mal, d'après ce qu'il dit à son ami Guimzo, toujours sur écoute.

Guimzo : Weah !

Razmo : Je te jure ! Hier je me suis levé dans la nuit, il est minuit vers les 1 heure, je regarde ça fait longtemps que j'ai pas regardé *Le Parisien* et je regarde tac tac tac... y a six minutes, Bobigny.

Guimzo : Oui ils ont remis un autre.

Razmo : Je te jure que je l'ai lu ce matin ce que tu as lu.

Guimzo : Je te jure *Le Parisien*, Bobigny, comme toi.

Razmo : Je te jure que je suis pas bien, je dors pas ! je te jure !

Guimzo : Mais non y a rien !

Razmo : Mais non je dors pas par rapport à... Les pauvres je me dis ils vont le soulever, ils vont les cho... ce n'est pas comme... je suis dégoûté mais de ouf !

Guimzo : Après la mif, tu sais pas si lui il saute ou pas, ils disent ça et après tu sais pas frérot je te jure !

Razmo : Là ils disent n'importe quoi ! qu'ils disent les choses, t'as capté ou pas ?

La PJ pense savoir qui est Razmo. Le numéro qu'il utilise est déjà apparu dans une ancienne enquête.

1. « Des jurés d'assises corrompus ? le parquet ouvre une enquête », *Le Parisien*, 26 mars 2019.

C'est le numéro d'un père de famille qui vit à Bondy et travaille comme garagiste dans l'est du département. À l'époque, il avait déposé plainte pour le vol de sa voiture. Le surnom et l'âge collent. Des recoupements sont faits avec l'écoute du 1er février, celle où il évoquait « la Chèvre » et « le Renoi », un billet donné pour changer une version et à la fin, un non-lieu.

La Chèvre, surnom d'un habitant de Bondy, là encore, la trentaine, mis en cause dans une affaire de violences et de menaces. Butch était mis en cause dans la même affaire. Son nom faisait ressortir une autre affaire encore, pour le vol d'accessoires de véhicules, avec Afif. Bondy *connection* ! À entendre Razmo rappeler cette vieille affaire au téléphone, la victime se serait rétractée contre de l'argent. L'affaire a été exhumée des archives judiciaires. Elle s'est bien soldée par un non-lieu, mais aucune transaction ni intimidation n'a jamais été avérée.

Le 20 mars, un renseignement parvient à la PJ. La brigade des Stups, à Paris, a eu un tuyau : un juré du procès des tortures a peut-être été soudoyé. L'informateur indique qu'un proche d'Afif présent au procès aurait reconnu un voisin parmi les jurés, surnommé le Gitan, et l'aurait payé 15 000 € pour qu'il vote trois acquittements, celui d'Afif et de deux autres accusés. À charge pour lui de convaincre trois autres jurés, dont un de type antillais, 15 000 € leur seraient revenus aussi. Un Gitan, un Antillais… Trois jurés pourraient correspondre, deux pour le Gitan, un pour l'Antillais... Mais quelle est la valeur de ce renseignement anonyme ?

« La fuite ne peut venir que des jurés »

L'enquête reste en Seine-Saint-Denis. Elle est instruite à Bobigny et confiée au service de police judiciaire du 93. Cinq mois se sont écoulés depuis le verdict. Après deux sollicitations téléphoniques, Philippe Jean-Draeher, qui a présidé le procès, pousse la porte de l'hôtel de police pour répondre aux questions de la police judiciaire. Il avait transmis sa note interne, mais les enquêteurs ont des questions à lui poser. Un président de cour d'assises convoqué par la PJ, la scène est peu banale. À l'image de cette enquête forcément délicate, puisque le but est de mener des investigations sur la violation du secret du délibéré, secret auquel sont tenus tous les acteurs du procès, magistrats compris.

« J'avais été informé, à la fin des débats, par l'avocate générale d'écoutes téléphoniques, à l'occasion desquelles il apparaissait qu'un ou plusieurs jurés étaient en contact avec des proches du milieu des stupéfiants. À ce moment, ce n'était pas flagrant pour nous », explique-t-il à la PJ.

« On s'est posé la question de savoir si on continuait dans ce contexte, ou si on arrêtait. Mais ce n'était pas assez caractérisé pour pouvoir prendre une décision à ce stade. C'est la première fois dans ma carrière que je constate une telle violation du secret », indique Philippe Jean-Draeher. Assesseures, avocate générale, greffière sont interrogées, tout comme un policier en poste au tribunal. Quelques avocats acceptent de venir, ils racontent leur sidération, d'autres déclinent l'invitation, invoquant le secret professionnel.

« Nous savions qu'il s'agissait d'un procès sensible, nous avons éloigné Bouba et Chouk dans le box des accusés, mais au final ils discutaient régulièrement, sans animosité particulière », explique la greffière. C'était aussi une période de grève dans les prisons, les escortes pénitentiaires n'avaient pas toutes les mêmes consignes, les retards en début d'audience étaient fréquents.

L'ambiance pesante et les allées et venues incessantes du public ont marqué tout le monde. « Vers la moitié du procès, j'ai constaté qu'une personne de l'assistance prenait un cliché photographique, j'ai vu le flash, explique une juge assesseure. À la suspension, le président a demandé au policier de retrouver cette personne, c'était un homme barbu, 35-40 ans, mais je ne pourrais pas le reconnaître. À partir de cet épisode, j'ai senti une peur s'emparer des jurés qui n'avaient de cesse de poser des questions sur les conditions de sécurité, si l'on avait déjà fait l'objet de menaces, et sur les conditions pour être raccompagnés par des policiers à leur domicile. En dix ans, c'est la première fois que j'ai des questions aussi prégnantes de la part de jurés. Dès le départ, les jurés n'étaient pas rassurés eu égard au profil des accusés, mais ça s'est amplifié avec l'histoire de cette photo. »

Un policier du tribunal interrogé lui aussi a suspecté un homme de « corpulence moyenne, 1,80 m, brun et barbu, cheveux courts vers l'arrière ». L'huissière faisait des signes en indiquant cet homme. « J'ai compris dans ses gestes que l'individu avait un téléphone. Je suis alors allé vers lui, il avait effectivement un téléphone dont l'écran était noir, le téléphone était dans un bonnet qui était calé dans une chaise. La façon dont le téléphone était positionné permettait de prendre éventuellement une photo de la salle d'audience, en direction des jurés. J'ai demandé à cet homme de ranger son portable, ce qu'il a fait. Un peu plus tard, lors de la suspension d'audience, l'huissier m'a dit que les jurés avaient vu l'homme les prendre en photo car ils ont vu le flash. Du coup, je suis retourné en salle mais l'homme était parti et n'est pas revenu après. »

Une jurée et une assesseure en parlent également aux policiers. « Cet incident a été de nature à susciter des craintes de la part de jurés, ils étaient déçus qu'on n'ait pu appréhender le fautif », explique le président aux enquêteurs, « nous avons fait en sorte de les rassurer ».

Des consignes avaient été données, comme l'indiquent les procès-verbaux : interdiction de parler du procès dans son déroulement à toute personne extérieure et toute partie au procès. « Nous leur avons demandé à plusieurs reprises de ne pas se rendre sur le parvis du tribunal pendant les pauses car tout le monde s'y retrouve, au bout d'un moment ils descendaient prendre leur pause dans la cour, à l'abri de tout contact avec d'autres personnes », précise la greffière. « Ils devaient toujours passer par la sécurité à chaque fois qu'ils entraient au tribunal. Les rendez-vous étaient fixés en fin de journée pour le lendemain. En général le matin, pour la pause déjeuner, ils faisaient comme ils voulaient, ils pouvaient sortir chercher à manger à l'extérieur ou manger sur place. « Quelques jurés ont déjeuné avec les assesseures une fois, au restaurant administratif, du côté de la préfecture. Les plus jeunes semblaient s'être rapprochés. « Aucun n'a manifesté connaître un des accusés ou leur entourage », indique encore le président.

L'homme en costume à carreaux, ex-beau-frère d'Afif, a marqué les mémoires. Il était présent tous les jours. Look « un peu dandy ou rétro », « assez élégant », selon les avis. « Cheveux gominés, avec toujours un costume à carreaux à l'ancienne, entre 30 et 40 ans, corpulence mince, barbe de trois jours », « toujours côté partie civile », « très attentif et impliqué, il a apporté à manger aux accusés libres le jour du délibéré ». Un costume pareil, ça ne s'oublie pas. Le policier aussi se souvient de lui : « Mes collègues sont intervenus à l'extérieur du tribunal sur le parvis pour un différend entre l'homme au costume et je crois le nouveau compagnon de son ex-femme. »

Les questions posées par les enquêteurs de la PJ permettent de comprendre les circonstances du délibéré, dans cette pièce fermée, la salle du secret, à l'arrière des assises.

Le matin du verdict, les trois magistrats et les jurés, suppléants compris, s'y enferment pendant douze heures. Consigne a été donnée d'apporter son pique-nique. Des toilettes sont à disposition. Les jurés n'ont pas le droit d'avoir de contact avec l'extérieur.

Ils sont douze dans la salle. Le président, les deux juges assesseures et les six jurés titulaires assis autour d'une table. Les trois jurés suppléants sont là aussi, assis en retrait, ils n'ont pas le droit de prendre la parole, mais assistent au délibéré, jusqu'au bout. « Les jurés avaient leur téléphone mais quand on a commencé le délibéré, je leur ai rappelé le principe du secret du délibéré en leur disant que la violation est un délit pouvant faire l'objet de poursuites et je leur demande en conséquence d'éteindre leur téléphone portable, répond le président. Je leur ai rappelé les infractions poursuivies, les questions qui vont être posées sur la culpabilité. Je demande aux jurés de dire ce qu'ils pensent des faits, de s'exprimer sur la culpabilité. Les magistrats s'expriment en dernier. On fait si nécessaire un autre tour de table et ensuite on passe au vote à bulletin secret. Une fois qu'on a délibéré sur la culpabilité, on délibère, pour les accusés déclarés coupables, sur la peine. À cette occasion je leur donne connaissance de trois articles du code pénal, je leur donne des informations complémentaires sur l'exécution des peines, les mesures d'aménagement dont peuvent bénéficier les condamnés et ensuite chacun s'exprime sur la peine à prononcer, puis les deux magistrats assesseurs et enfin le président. » Il dit veiller à ce que les jurés et les suppléants n'utilisent pas leur téléphone.

« Ce qui apparaissait surprenant, précise-t-il à l'enquêteur de police judiciaire, c'est que les explications que mes collègues et moi-même donnions s'agissant de la culpabilité n'ont pas toujours trouvé écho auprès des jurés. Après, les jurés peuvent dire ce qu'ils veulent et voter dans le sens contraire. »

Le dépouillement des votes s'arrête en théorie lorsque la majorité est obtenue. Quand les votes sont terminés, qu'une réponse a été donnée à chaque question et que les peines sont fixées, le président et le premier juré signent le procès-verbal. « On dit aux jurés de ne pas bouger, assure une juge assesseure, et nous, nous allons dans le bureau d'à côté pour la rédaction et relecture de l'arrêt. Les jurés sont donc laissés seuls dans la salle et ils ont leur téléphone. Un juré suppléant m'a demandé à aller aux toilettes, alors que le vote n'était pas terminé, mais je lui ai dit que ce n'était pas possible. Il n'y est donc pas allé finalement. »

Eux aussi ont appris très vite que la décision avait fuité. « Quand nous avons eu fini, la greffière de la cour d'assises nous a informés que toute la salle était au courant du délibéré, et c'était très fidèle à notre décision », se remémore une juge assesseure. Elle précise : « Le président avait été ferme dans les obligations qui incombent aux jurés, notamment quant au secret du délibéré, il avait expliqué que des jurés avaient déjà été poursuivis, explicité les risques encourus. »

La greffière en est convaincue : « Il est clair que quelqu'un a fait fuiter le résultat à une personne de l'extérieur. Il n'est pas possible que cela tombe juste, d'autant que cela ne correspond pas aux réquisitions de l'avocate générale. »

Marie-Claire Noiriel, l'avocate générale, est aussi interrogée. « J'exerce depuis plusieurs années et je participe régulièrement aux assises et c'est la première fois que j'apprends le verdict par le public ! » insiste-t-elle auprès des policiers. Ce soir-là, plusieurs avocats l'ont successivement alertée. « Je ne l'ai pas du tout pris au sérieux, en disant que ce n'était pas possible sauf que, quelques minutes après, une autre me donne les mêmes informations. De manière générale, le secret du délibéré est systématiquement gardé. Quand vous avez huit accusés avec une multitude de probabilités de peines et que le verdict exact sort, ce n'est pas possible. Il régnait une certaine stupeur, non seulement de par les décisions mais également par ce qui nous avait été dit. Je n'ai pas ressenti des manifestations de victoire dans la défense, il y avait une ambiance, on voyait qu'il y avait un truc qui n'allait pas. L'ambiance était plombée malgré les acquittements. »

A suivi un mouvement de foule vers les accusés. Le public est venu saluer les acquittés et souhaiter bon courage à Bouba.

On en vient aux jurés. Pour une juge, « la fuite ne peut venir que d'eux ».

« Des jurés ont-ils eu un comportement qui vous a surprise ou interpellée? demande l'enquêteur.

— Un juré a changé un peu d'attitude sur la fin, répond une assesseure. Il avait toujours un serre-tête et à la fin il ne l'avait plus. Ses cheveux lui cachaient le visage, il semblait plus soucieux, moins à l'aise qu'au début du procès, nous lui avons demandé si quelque chose n'allait pas. Mais il n'a rien dit de particulier, d'ailleurs, pendant le vote, le président avait rappelé les principes généraux du procès, et demandé s'ils faisaient l'objet de menace ou pression, et ce juré a surréagi. Il a dit: "On les connaît pas, on n'a rien à voir avec eux." C'était assez surprenant cette réaction, un peu vive, cette réaction de défense. »

Une avocate a remarqué qu'un juré se rongeait les ongles après les réquisitions.

« Il était jovial depuis le début, puis quelques jours avant le délibéré beaucoup plus fermé, mutique, et n'avait de cesse de dire que c'était compliqué de juger, relève une juge. Le jour du délibéré, je lui ai proposé d'aller fumer une cigarette et je lui ai dit que j'avais senti qu'il n'était pas bien, que s'il ne se sentait pas en état, il pouvait se faire suppléer. Il m'a répondu que ça allait. »

Une juge a eu le sentiment que les jurés étaient pressés que ça se termine, qu'il y avait comme un empressement à voter. Le président aussi a trouvé qu'un juré « cordial au début » s'est renfermé « au fur et à mesure ». Mais il ne dit pas qui.

Une autre jurée a également attiré l'attention.

« Elle avait peur de sortir après le vote difficile, elle avait d'ailleurs un peu craqué. Elle était impressionnée de repartir comme ça, sans escorte. » Les juges n'en diront pas plus. Le délibéré doit rester secret, c'est la loi, même s'il a été divulgué. Le président pense qu'il serait « opportun d'envisager de doter les salles de délibéré de dispositif de brouillage ». D'autres magistrats ont déjà le réflexe depuis longtemps de confisquer les portables dans une boîte jusqu'au prononcé du jugement.

« Les accusés libres pouvaient se retrouver avec nous devant la machine à café »

« Je prends acte que je suis soupçonné d'avoir commis ou tenté de commettre, participé à une association de malfaiteurs en vue de la préparation d'un délit puni de dix ans d'emprisonnement, corruption passive, corruption active entre le 24 janvier et le 7 février 2019 à Bobigny, j'ai le droit de quitter vos locaux à tout moment, de faire des déclarations, de répondre aux questions qui me sont posées ou de me taire, d'être assisté d'un avocat... »

Hier juges d'un jour, aujourd'hui suspects. Placés sur écoute, les jurés vont être interrogés. Neuf personnes aux métiers divers, agent SNCF, électricien, employée de bureau, auxiliaire de petite enfance, conseiller Pôle emploi, réserviste de l'armée, fonctionnaire, agent médical… Tous sont retournés à leur vie depuis plusieurs mois, lorsque la convocation judiciaire tombe dans leur boîte aux lettres.

Ils ont appris par la presse que le verdict avait fuité, ils savent pourquoi ils sont convoqués. Il faut trouver la taupe, savoir si des pressions ont été exercées, si leur vote a été acheté. Deux des jurés convoqués débarquent à la PJ, flanqués d'un avocat.

Ils font part de leur surprise, parlent d'une épreuve, la plupart n'avaient jamais mis les pieds dans un tribunal.

« J'avais peur d'y aller, par rapport à ce qu'on peut voir, entendre, pour moi c'était l'inconnu, c'est un monde que je ne connais pas », explique une fonctionnaire, la cinquantaine, au policier. « J'ai été tirée au sort pour le procès d'actes de torture et de barbarie, je ne connaissais pas les accusés, il y avait du monde, nous étions convoqués à 9 heures le matin et après on ne savait pas à quelle heure on terminait. Le midi, je mangeais sur place ou j'allais acheter un sandwich, une fois on est allés manger avec les magistrats au restaurant du tribunal. Le soir, je rentrais avec deux autres jurés quand on sortait tard. »

« C'était dur émotionnellement, explique une autre, car je n'avais jamais été dans un tribunal, il y a des avocats, des vitres qui nous séparent des accusés. On se sent observé car notre position est surélevée par rapport au reste de la salle, je ne vous cache pas que ce procès était plus complexe à saisir car il y avait beaucoup d'avocats, on avait du mal à comprendre qui était l'avocat de qui, les victimes étaient aussi des auteurs. Je ne vous cache pas, quand je sortais le soir, souvent tard, du tribunal j'allais à mon véhicule pas sereine, je fermais les portières tout de suite. »

Lorsqu'elle s'est fait remettre sa convocation pour le procès par le commandant de police du commissariat de la ville où elle habite, cette jeune femme a été avertie qu'elle était passible d'une amende si elle ne se rendait pas au tribunal pour le tirage au sort. « J'y suis donc allée, mais je ne vous cache pas que j'ai pris cela comme une contrainte car cela perturbait mon organisation professionnelle. » Elle préparait alors son mariage.

« L'ambiance était tendue, se rappelle un quinquagénaire, comme une chape de plomb. C'était une grosse affaire, par les faits, le profil des accusés, le nombre de personnes dans le public, surtout la dernière semaine, et la similitude entre le public et les accusés. » Lui a ressenti que « certains étaient là pour surveiller ce que disaient les témoins à la barre ». Il a prévenu le président qu'il habitait la même ville que Maxime. « "On verra", m'a répondu le président. »

Une autre habite Aulnay, la même ville que Bouba et Raldo, ça l'ennuyait, elle s'est imaginée recroiser les accusés, elle l'a signalé aussi.

Au fil des interrogatoires, les avis personnels des jurés affleurent sur le fond de l'affaire. « Ce que disaient certains accusés n'était pas cohérent », commente un juré, tandis que d'autres taclent les avocats qui « ne défendaient pas bien » ou, au contraire, se souviennent de « ceux qui ont vraiment insisté sur le doute »... « C'était un dossier très compliqué car on parlait de trafic de stupéfiants alors que ça avait déjà été jugé, indique un des plus jeunes jurés. La victime n'était pas nette, elle était impliquée dans le trafic, ce qui lui était arrivé n'était pas un hasard. Il y avait des zones de doute et chacun a jugé en son âme et conscience, c'était vraiment compliqué pour des gens qui ne sont pas du métier. » Il se renseignait d'ailleurs régulièrement auprès des magistrats professionnels, tellement cela lui paraissait compliqué.

Pour une autre, « c'était lourd, il y avait trop d'inspecteurs, d'avocats, d'experts ». Un juré a reconnu un collègue de travail sur les bancs du public, il en a déduit qu'il devait connaître des accusés. Et cet homme en costume à carreaux, plusieurs jurés l'ont remarqué aussi, ils l'ont pris pour un avocat.

« Les accusés libres pouvaient se retrouver avec nous devant la machine à café ou au-dehors pour fumer une cigarette », précise un juré aux policiers. « On sortait où tout le monde sort ou rentre, du coup, ce n'était pas sécurisant », indique un autre, ajoutant qu'il n'était pas inquiet pour autant.

Plusieurs évoquent la fameuse photo prise du public. « C'est vrai qu'un individu a sorti son téléphone et nous a pris en photo. J'ai même rigolé de ça, car au même moment je regardais bien en face son objectif. Je ne peux pas décrire cet homme ni le reconnaître, mais je sais qu'il n'est jamais revenu », témoigne une jurée.

Au fil des deux semaines de procès, des liens se sont noués, notamment entre les plus jeunes. Certains avaient déjà été tirés au sort sur d'autres affaires.

Ils en viennent à parler du délibéré, notamment du débat sur l'expression « faire du sale ». Les jeunes utilisent cette expression « pour un oui, pour un non », pour une bagarre, par exemple. Cela ne faisait pas forcément référence à la séquestration ultraviolente de Petit Père.

« Ça rendait un peu dingue, ce procès. On parlait beaucoup entre nous, il y avait beaucoup d'informations, pour savoir qui pensait quoi, des opinions pouvaient changer en parlant, on ne pensait pas tous pareil. On échangeait aussi bien avec les jurés et les suppléants qu'avec les juges. »

Interrogé dans une autre salle, un autre juré confirme : « On a vite fait de rien comprendre, il faut rester très à l'écoute. »

« On parlait du fait qu'il n'y avait pas assez de preuves. »

« Nous discutions du procès, nous n'étions pas toujours d'accord, et tout le monde était respectueux des avis de chacun et ne cherchait pas à influencer. »

Et les pressions ? A-t-on cherché à les influencer ? Est-ce qu'ils en ont parlé à l'extérieur, malgré le serment qu'ils ont prêté ? Les enquêteurs posent la même question à tous.

« Dans l'hypothèse où je suis corrompu, répond un juré, il aurait fallu que je décide cinq autres personnes de me suivre dans la décision finale, donc chose impossible selon moi, et je ne l'aurais pas fait de toute manière. » Six voix au moins. C'est le nombre requis pour déclarer un accusé coupable. Ils sont neuf à pouvoir voter : les trois magistrats et les six jurés titulaires. Si quatre se prononcent contre, c'est l'acquittement.

Le 7 février, jour du délibéré, les neuf jurés et les trois magistrats passent douze heures dans la salle fermée. Déjeuner sur place, toilettes à disposition. Les téléphones sont rangés, soit en charge dans un coin, ou en mode avion, tout le monde ne dit pas la même chose, mais personne ne manipule son téléphone pendant cette période assez longue, « à part peut-être pour aller sur Facebook », déclare un jeune juré.

Au moment de voter, « le président a fait un résumé de l'affaire pour chaque accusé en nous demandant ce qu'on pensait, ensuite nous avions des petits papiers avec toute une série de questions où nous devions répondre par oui ou par non, ces papiers ont été mis dans une urne que le premier juré a ouverte pour établir le verdict, explique une femme. Le président avait pris soin de nous préciser que, si nous avions des doutes sur la réponse à formuler à une question, il fallait répondre non. Ensuite la cour, le président et les deux assesseures ont quitté la pièce afin que le greffier tape le délibéré. Nous sommes restés, les neuf jurés, entre nous à discuter ou à prendre nos téléphones pour échanger, pour ma part avec mes proches ».

Le vote de chacun est secret. Les suppléants ne peuvent ni voter, ni prendre part au débat, ni même donner leur avis. Les bulletins blancs ou nuls sont favorables à l'accusé. Si l'accusé est déclaré non coupable, alors il est acquitté. Sinon, il faut encore voter pour décider de la peine.

Certains jurés livrent quelques détails sur leurs désaccords : « J'ai eu l'impression que les plus jeunes ne voulaient pas donner des années, qu'il n'y avait pas de preuve, et qu'il ne fallait pas condamner des gens sans rien », indique l'un d'eux, il avait l'impression que quatre de ses collègues « étaient contre le président ». Cette femme était choquée qu'on se soucie « plus du nombre d'années que prendraient les condamnés que de ce qu'avait subi la victime ».

« Sur la fin, le président a demandé s'il y avait des gens qui avaient été approchés, menacés, soudoyés », précise une autre dans sa déposition. « Il a dit cela quand les papiers étaient en train d'être ouverts, il y avait beaucoup de réponses qui ne lui plaisaient pas », dit un troisième. « Il semblait assez révolté et surpris contre une jurée [...] ça se voyait à sa gestuelle, à ses mimiques. »

« Il n'était pas content, il paraissait contrarié. Il voulait en finir avec cette affaire, en disant que l'avocate générale allait faire appel », relève encore un autre juré.

L'un d'eux a été surpris du verdict, l'a dit au président et le répète à l'enquêteur qui l'interroge à Bobigny. « Quand il me l'a demandé après le délibéré, car sans vous dévoiler les votes, je n'étais pas d'accord avec le délibéré. Je peux aussi vous dire que la cour n'était pas d'accord avec le vote des jurés, mais c'est tout. »

Une jurée développe : « Pour ma part, j'ai été confrontée à des situations de doute sur la culpabilité des auteurs dans ce dossier, les preuves n'étaient pas claires pour moi contre certains accusés et, dans le doute, je ne voulais pas condamner de potentiels innocents et je me référais à ce que le président nous avait dit au départ, en cas de doute il faut dire non. J'ai agi en mon âme et conscience et je n'ai été influencée par personne. La plaidoirie des avocats des accusés a instauré beaucoup de doutes chez moi, car ils répétaient qu'il n'y avait pas de preuve. »

Ils se souviennent que, lorsque le président de la cour se retire, quasiment tous les jurés reprennent leur téléphone. « Moi, j'ai envoyé un SMS à ma femme, indique l'un d'eux, pour lui dire que j'allais rentrer dans pas longtemps, que c'était bientôt fini et qu'elle n'avait rien à craindre. Elle pouvait avoir peur des mauvaises rencontres que je pouvais faire à la sortie du tribunal. »

Le retour dans la salle, pour l'annonce du verdict, n'a pas été simple. « Quand je suis arrivée dans la salle d'audience, je tremblais quand j'ai vu tout ce monde, la salle était pleine. Lorsque le président a commencé, j'avais très peur, un des avocats de la partie civile nous regardait méchamment, je ne comprenais pas pourquoi, mais aujourd'hui je comprends mieux, je ne savais pas tout ce qu'il s'était passé, la fuite », confie une jurée.

Celui que les juges avaient trouvé nerveux s'explique : « Je n'étais pas nerveux, mais ça fait quand même quelque chose de mettre des peines, c'est quand même impressionnant, ce n'est pas rien. Les accusés, ce n'étaient pas de petits bandits, c'est impressionnant, c'est comme dans les films, sauf que c'est pas un film. »

« C'était trop, je voulais retourner au travail, ce sont des cours d'assises, ça parle de vraies histoires, c'est pas trop mon truc », indique un jeune juré.

Un juré se souvient d'un accusé qui donne un coup de coude à Afif à l'énoncé de son acquittement. Il a pensé que ça voulait dire : « Tu as vu, tu es sauvé. » Un autre se souvient des larmes de la mère d'un condamné, ça l'a ému.

« Même ma femme ne sait pas ce que j'ai voté ! Je suis agent de l'État et j'ai une charte de déontologie et un droit de réserve que je prends garde de respecter dans mon travail, je n'ai donc fait qu'appliquer les obligations d'un juré », assure l'un des jurés qui tient à prouver qu'il a respecté son serment.

Mais le verdict a bien fuité, qui est la taupe et pourquoi ?

« Je ne vois pas l'intérêt de donner le verdict avant le délibéré et ce que ça aurait pu changer. »

Une juge a dit que, « vu le verdict, nous pouvions sortir sans crainte par-devant, et là nous avons vu la locataire acquittée dire "Merci, Merci" en direction des jurés derrière moi ».

Quelques-uns ont échangé leur numéro de téléphone pour boire un verre quand tout serait fini, afin de garder le contact, l'un travaille à Pôle emploi, un autre à la SNCF, ça peut toujours servir. Deux jurés de l'affaire, un homme et une femme, se sont recroisés sur le parking d'un supermarché, près de chez eux, en Seine-Saint-Denis. « Nous avons échangé quelques mots, on a parlé de l'indemnisation, de l'article du *Parisien*, avant de repartir chacun de notre côté. » Au sujet de la fuite, la femme s'en souvient, son interlocuteur a répondu : « C'est trop con, il n'y avait qu'à attendre le verdict. »

Les enquêteurs de la PJ veulent savoir si certains jurés ont été particulièrement insistants en faveur des acquittements. Ils ont déjà des soupçons sur l'un des plus jeunes, un électricien de 23 ans au moment du procès, Djo, qui était juré suppléant, quatrième siège à la droite du président. Son numéro de téléphone se termine par 13. Et, au moment du procès, le jeune homme habite avec sa mère à Bondy nord, dans une barre à damier de douze étages, juste en face du 13. Ce nombre, inscrit en grand à la peinture noire sur un local technique, au milieu d'un terre-plein central, est connu comme un point de vente de drogue à Bondy. Djo passe devant à chaque fois qu'il entre ou sort de chez lui.

Le 13, un point de deal connu, mais pas le point noir du département non plus, loin de là, d'ailleurs le quartier n'est pas classé prioritaire dans la lutte contre les stupéfiants. Avec ses commerces, son marché, ses écoles, le quartier est vivant et guère anxiogène, même si les dealeurs quadrillent les rues. Le 13, le Carré, le Drive… des inscriptions sur les murs guident les acheteurs.

Un juré se souvient de Djo, faisant sa prière dans les toilettes, au moment des suspensions. « Un matin, quand nous sommes arrivés, nous étions dans la salle qui nous servait à attendre avant de pénétrer dans le tribunal et il a dit quelque chose comme : “De toute façon, Afif, le Tunisien, était bien dans le café ce jour-là, c'est quelqu'un de ma cité qui me l'a dit.” »

D'autres jurés s'en souviennent aussi. Djo était de ceux qui pensaient que « faire du sale » résumait une bagarre dans un bar à chicha. Une jurée s'en souvient assez pour le mentionner à la PJ. Le président de la cour et les deux juges assesseures l'ont entendu aussi, elle en est sûre.

« Il a essayé de nous faire pencher vers son avis, assure un autre juré. Il nous disait de faire attention avec les accusés, qu'il ne pensait pas que ce soit Untel qui ait fait la chose. Mais c'était lors d'une discussion normale, sans pression. Je lui ai demandé s'il connaissait les accusés, il m'a dit que non. »

Des jurés se souviennent que Djo, convaincu de l'innocence de Raldo et d'Afo (Afif), leur a dit : « Je serais vous, je ne voterais pas contre lui. » « Il disait qu'Afo avait des enfants, que ça ne se faisait pas de l'envoyer en prison, que d'après lui ça n'était pas lui, il ne méritait pas cela. Il le disait par petit groupe. »

« Il disait que Raldo et Afif n'étaient pas présents

lors des faits, admet un troisième. Il habite Bondy. Il dit ce qu'il veut, moi je ne l'écoute pas. »

Djo avait été prévenu de sa convocation par Loïc, un autre juré avec qui il a gardé contact après le procès. Il s'est étonné de ne pas avoir été convoqué plus tôt. Pour la police, il occupe déjà une place à part. Il s'est présenté à l'accueil de l'hôtel de police de Bobigny avec un avocat. Son audition n'a pas duré longtemps.

« Avez-vous subi des pressions durant ce procès ?

— Non, du tout. Je n'ai eu aucune pression.

— Avez-vous subi des sollicitations durant ce procès ?

— Non du tout. »

Djo est reparti une heure plus tard. La prochaine fois, il ne recevra pas de convocation. Les policiers viendront le chercher chez lui.

« La prochaine fois, je préfère payer l'amende et ne pas comparaître en qualité de juré »

Ce n'est donc pas un mauvais rêve. Ça tambourine vraiment à la porte. « Police ! Ouvrez ! » Mercredi 3 juillet 2019, 5h40, l'heure de la garde à vue pour les jurés de Bobigny. Pas tous, juste le trio le plus proche de Djo.

Ana, infirmière de 25 ans, les cheveux bruns noués en queue-de-cheval, celle qui préparait son mariage et dont le comportement a surpris vers la fin du procès. Loïc, 23 ans, agent SNCF, que les juges avaient trouvé nerveux. Avec son patronyme d'Europe de l'Est, il pourrait être ce Gitan désigné par l'indic qui prétendait que des jurés avaient été payés pour acquitter. Et Souleymane, 37 ans, ancien militaire, cheveux ras, agent de sécurité à l'aéroport Charles-de-Gaulle, l'Antillais du renseignement anonyme ? Ces trois-là étaient jurés titulaires. Le 7 février, ils ont mis un bulletin dans l'urne.

La culpabilité d'un accusé se décide par six voix au moins sur les neuf votants (il en fallait huit entre 2001 et 2012, six de 2012 à 2022 et sept depuis le 1er mars 2022). Si quatre jurés votent contre, l'accusé est acquitté.

Ont-ils voté en leur âme et conscience, en dehors de toute contrainte.

Aubervilliers, Bondy, Pavillons-sous-Bois… Le coup de filet est simultané. Il a même lieu dans les Hauts-de-Seine, un juré ayant quitté la Seine-Saint-Denis depuis le procès. Ce ne sont pas les seuls à être tirés du lit de bon matin par des policiers en civil. Même traitement pour Djo, Razmo et Butch. Loïc, qui travaille de nuit, ne s'est pas encore couché. Il est interpellé à son retour chez lui.

Armoires, placards, tiroirs… Les pavillons et appartement sont fouillés de fond en comble, les téléphones saisis. Ana fournit son code, déclare qu'elle n'a rien à cacher. Ce ne sont pas des interpellations difficiles, les anciens jurés sont calmes, pas besoin de les menotter.

Cinq mois plus tôt, cette femme et ces trois hommes se tenaient debout dans la grande salle des assises à Bobigny, prêtant serment, la main levée, pour rendre justice, sans haine et sans crainte. Ce matin de juillet, on ne leur demande pas de jurer. Ils enfilent un jean à la va-vite, attrapent le premier sweat-shirt près du lit, direction le SDPJ à Bobigny pour une garde à vue d'un ou deux jours. La juge d'instruction décidera de la suite.

Ils seront interrogés individuellement plusieurs fois, ils passeront peut-être la nuit en cellule pour « association de malfaiteurs, corruption passive, sollicitation ou acceptation d'avantages par un magistrat ou un juré, corruption active, proposition ou fourniture d'avantages à un magistrat ou juré ».

Photos. Prélèvements d'ADN. Ils peuvent demander un avocat, réclamer un médecin, manger ou pas la collation proposée.

Les déclarations sont plus contrastées qu'en mai, les questions plus ciblées. Oui, Djo s'est montré insistant. « Il insistait pour ne pas faire condamner Afo et Raldo. Il disait qu'ils avaient des enfants et qu'il ne fallait pas. Djo disait avoir entendu des bruits de cité, que "faire du sale", c'était un ancien problème dans une chicha », indique Souleymane. Lui s'est même demandé si Djo connaissait des accusés. Mais il n'en a rien dit au président ni aux magistrats de la cour. Non, il n'a pas hésité : « Je n'ai pas pensé à le signaler. »

Loïc, lui, a partagé ses doutes avec le président. « Ce procès, c'était comme au cinéma, les avocats étaient théâtraux, je me suis un peu pris avec le président car je lui ai dit que je n'étais pas compétent dans ce domaine, la justice. Je peux certes donner mon avis mais mettre une peine, c'est pas mon truc », indique ce jeune homme de 23 ans, juré trois fois de suite pendant la session.

Ana réclame un avocat, elle veut aussi voir un médecin, elle est enceinte. Le docteur de l'unité médico-judiciaire l'ausculte et coche la case : « état de santé compatible avec la garde à vue ». Sa garde à vue continue. Ces trois-là ne rentreront pas chez eux ce soir. La PJ a encore des questions à leur poser.

Le moment est difficile. « Laissez-moi rentrer chez moi, je reviendrai quand vous voulez », « Je n'ai rien à voir dans cette histoire, je veux rentrer chez moi et reprendre ma vie comme avant », « Cette histoire va trop loin, je n'ai rien à voir avec tout ça, personne ne m'a approché ni menacé », écrivent-ils au bas de la notification écrite qui prolonge leur garde à vue. Ni menacés ni payés. Influencés, peut-être ?

Souleymane revoit le visage de l'avocat d'Afif, content à l'annonce de l'acquittement. Il pense que les peines « auraient pu être plus lourdes », qu'ils se sont « peut-être fait manipuler ». L'employé d'aéroport se souvient qu'Ana a changé de comportement à l'approche du verdict, et que cela a énervé le président. À son avis, Djo a peut-être réussi à la convaincre, mais il n'a pas de preuve. Ce n'est que son « ressenti », sa conviction.

Ana explique qu'elle a « peut-être suivi le mouvement », mais elle a voté en son « âme et conscience », rien d'autre. La jeune mariée insiste, elle était investie, elle a pris des notes. Elle avait déjà siégé comme juré, dans l'affaire de meurtre qui précédait ce procès des tortures, ce qui ne l'a pas empêchée d'être impressionnée au procès de l'affaire de Petit Père : « Le monde de la justice, la teneur de l'affaire, et les accusés… » Elle précise qu'elle a vu « sur Internet des vidéos de jurés qui se faisaient agresser ». « J'étais anxieuse, nous finissions tard également, ça me faisait peur. » Elle n'était pas sereine en rejoignant sa voiture, elle verrouillait les portières avant même de démarrer.

Convoqués à 9 heures, les jurés ne savent jamais à quelle heure la journée finira. Mais, en février, il fait toujours nuit. Souleymane a même raccompagné une autre jurée, elle avait peur de rentrer chez elle, aux Pavillons-sous-Bois. Cette femme de 54 ans, auxiliaire petite enfance, vit dans la même commune que Maxime. Pour rentrer, il faut traverser Bondy.

Que vaut encore le sacro-saint secret du délibéré ? On demande à ces anciens jurés de revenir sur les circonstances de leur vote, alors qu'ils sont tenus au secret par leur serment. Ils ont le droit de se retrancher derrière la loi, s'ils le souhaitent, il n'y a pas vraiment de précédent. Leurs avocats peuvent aussi l'invoquer. Personne ne le fait.

Alors les questions continuent. « Moi, dans l'urne, j'ai mis 16, je n'étais pas d'accord avec le juge qui voulait lui mettre 30, et après, quand ils ont ouvert les votes, j'ai constaté que les jurés avaient mis environ la même chose que moi, raconte Ana. Il n'y avait pas d'entente entre jurés au préalable pour fixer une peine commune. Dans les votes, il y avait 16, 11, 14. Le juge était fou de rage. Je me souviens qu'il a tapé sur la table avec son poing. Mais franchement, être juré, ce n'est pas facile, nous étions majoritairement des jeunes du 93 ou ses environs à juger des personnes jeunes également et du secteur. Je ne trouve pas ça normal que l'affaire ait été jugée à Bobigny. » Elle l'assure, son « vote n'a pas été fait par peur des représailles, mais par un choix guidé par son investissement au cours des débats ». Souleymane précise à l'un des enquêteurs qu'il s'agit de « votes globaux, auxquels est faite une moyenne, si c'est le plus de votes " non " qui remporte, alors c'est l'acquittement ».

Et les pleurs de cette jurée de 50 ans, qui vit à Aulnay-sous-Bois, au moment de voter ? « Ce n'est pas évident de prendre une décision qui va jouer sur la vie de quelqu'un. Tous les jurés étaient choqués au moment de voter », répond l'un des gardés à vue.

Les policiers leur soumettent les images des vidéos du tribunal où l'on distingue l'ex-beau-frère d'Afif, en costume à carreaux, s'approcher des jurés. « Peut-être une fois, admet un des hommes, pour nous demander comment ça se passait, mais on n'a pas répondu. »

Il y a aussi ce SMS de Souleymane à Loïc : *Tu as u cb ?* (Tu as eu combien ?) De qui ? Pour rétribuer quoi ? Il était question de l'indemnité de juré, répond Souleymane, il attendait toujours son virement. Loïc avait déjà perçu la sienne, un millier d'euros. Rien ne permet d'attester que l'un d'eux a touché de l'argent pour son vote.

Les policiers sont pourtant convaincus qu'il s'est passé autre chose, sinon, pourquoi l'ami de Loïc lui a demandé : « Razmo, il s'inquiète ? » Malentendu, balaye le jeune juré : « Il a dit "Ah gros, t'inquiète". » Loïc s'était disputé avec sa petite amie et s'inquiétait de ne pas avoir de nouvelles d'elle, son copain voulait le rassurer. D'ailleurs, il ne connaît aucun Razmo, ni de près ni de loin. L'ami aussi est interrogé, il assure qu'il n'a pas dit « Razmo », l'enquêteur a dû mal comprendre.

Si Djo n'avait pas été là, le verdict aurait-il été le même ? Le vote, oui. La fuite, non. Pour tous, la réponse est la même.

« La prochaine fois, je préfère payer l'amende et ne pas comparaître en qualité de juré », lâche Loïc, tandis que Djo est interrogé dans un autre bureau.

« J'ai menti », explique Djo. C'est la première garde à vue de sa vie. Jusqu'à présent, sa vie était plutôt rangée, il a un travail, une copine, bientôt un CDI qui lui permettra de quitter l'appartement familial à Bondy nord. Quand la police a frappé chez lui, pour l'interpeller, à l'aube, c'est sa mère qui a ouvert. « C'est vrai que j'en ai parlé aux gens durant le procès », admet-il.

Il était juré titulaire au procès précédent et voulait se faire récuser sur celui-ci : « Deux semaines, c'était trop long, tout le monde pensait pareil. »

« Le petit du 13 », il ignore qu'on le surnomme ainsi. En revanche, il admet avoir donné des informations à Butch sur l'ambiance du procès. Ils se sont vus au tribunal, ils se connaissent de la mosquée. Djo s'est converti en 2015, Butch lui avait envoyé un message de bienvenue. Ils sont originaires du même quartier, sa mère est une voisine de Djo.

Les 1 300 € trouvés chez lui ? De l'argent retiré au distributeur, c'est vérifiable. « C'est une grosse erreur, une bêtise de gamin, je ne pensais pas que c'était si grave et que ça allait partir si loin », lâche Djo. Quand il a découvert les articles de presse sur la fuite du verdict, puis les soupçons de corruption de jurés, il n'était pas bien, il avait la boule au ventre.

L'ambiance au procès n'était pas à la franche rigolade. « On avait tous une petite inquiétude, car dans l'affaire dans laquelle on était on sait que tout peut arriver. C'était quand même une grosse affaire, il fallait faire attention à nos arrières, explique-t-il. En plus on rentrait tard, personnellement, je regardais derrière moi parfois, quand on sortait du tribunal, c'était chacun sa route, on partait le plus vite possible. » Au moment du délibéré, son téléphone était à portée de main. « Une assesseure m'avait dit que je pouvais l'utiliser discrètement, car c'était long, j'ai joué à des jeux. »

Dans son portable, la police a trouvé une photo des trois magistrats prise à la volée. « C'était pour le souvenir. »

Au fil des interrogatoires, Djo admet qu'il a évoqué avec les autres jurés l'innocence de deux accusés,

« mais sans qu'on lui mette de couteau sous la gorge ». Il insiste : ni pression, ni menace, ni argent…

« J'ai donné le verdict, quinze-vingt minutes avant la lecture officielle, je n'ai pas vu l'erreur, et le mal que je faisais. Le juge allait rendre son verdict donc je ne voyais pas le mal. »

Butch non plus ne voit pas de mal. Ce trentenaire mince, cheveux auburn, père de deux enfants et sans profession alors, a vécu dans la même barre d'immeubles que Djo à Bondy avant de s'installer deux rues plus loin avec sa compagne.

Des Butch, en Seine-Saint-Denis, il y en a plusieurs, mais la police a vite fait le rapprochement avec cet habitant de Bondy. Butch est un proche de la Chèvre, mentionné par Razmo sur les écoutes. Pour l'interpeller de bon matin, la PJ s'est fait accompagner de la BRI, la brigade de recherche et d'intervention, l'antigang, et a défoncé sa porte, « mesure de sécurité par rapport au profil du mis en cause ». Son épaisse barbe rousse le rend méconnaissable au regard de sa dernière photo de garde à vue.

S'il a contacté Djo, c'était pour « prendre la température ». Il ne sait plus bien si Afo lui avait demandé de l'aide, il se souvient que celui-ci « était en panique pour son jugement, il voulait qu'on fasse des prières pour lui ». Afo et Docteur étaient des amis d'enfance de Bondy.

Razmo plaide également la « curiosité ». Son surnom fait référence à son air de famille avec Binocle, héros du dessin animé *Les Razmoket*. « On a raconté au jeune ce que disaient les bruits de cité, que certains accusés n'étaient pas là au moment des faits, tout ça quoi, mais on ne pensait pas l'influencer », assure-t-il. Ni menace ni argent.

Pourtant, sur les écoutes, il évoque bien la possibilité de soudoyer la victime par un billet. « De la parlotte, des paroles en l'air ! » répond le garagiste. Et quand Guimzo dit que les accusés ont de la « chatte sur ce coup-là »? « Il a dû penser qu'un juge avait été chopé. » Le policier note.

Djo a été approché deux fois pendant le procès. La première, c'était la veille des réquisitions, le 4 février. Il était 23 heures. Djo se trouvait dans une chicha qui n'existe plus aujourd'hui, près du MacDonald's de la RN 3, avec Sam, ce copain du quartier qui lui avait conseillé de ne pas ébruiter qu'il était juré. « Quelqu'un est venu apporter un téléphone à Djo pour lui demander de sortir de l'établissement, a expliqué Sam à la police. Il est sorti seul. C'était le soir. Ils sont rentrés dans une voiture. »

Il faisait froid, pas plus de 4 degrés avec un air humide, vraiment pas un temps à s'éterniser dehors.

Sam s'est inquiété de ne pas voir revenir son ami. « Il était juré, mais ne me parlait pas trop de comment ça se passait, on lui ramène un téléphone, on l'emmène dans une voiture. » Les quelques messages envoyés à Djo pendant ce temps permettent aux enquêteurs de déduire que le jeune homme a passé plus de trois heures dans cette voiture avec Razmo et Butch. « Il m'a dit que c'était Butch et Razmo que je ne connaissais pas, il m'a dit que cela concernait l'affaire mais il ne m'en a pas dit plus. »

Pour lui, Djo est droit et responsable. Il n'aurait jamais mis en danger des jurés en expliquant qui pensait quoi. Sam trouve que c'était une « affaire sensible, des faits graves, des gens dangereux et que si ça n'allait pas dans leur sens, les jurés pourraient être en danger », du moins c'est son sentiment. Deux jours avant l'épisode de la voiture, devant le bar à chicha, il avait fait le rapprochement entre les articles de presse et le procès où Djo était juré, c'est pour ça qu'il l'avait invité à se montrer discret : *Dis a personne t sur cet affaire hein on c jms. Le monde il e très petit surtt le 93.*

Le lendemain des réquisitions, Djo a revu Razmo. Ou plutôt Razmo est allé le trouver en bas de chez lui, « à la demande de Butch ». Ils ont fait un tour en voiture et se sont arrêtés dans une chicha. Butch les a rejoints.

Sur les vidéos du tribunal, après le verdict, on voit Butch tapoter le dos de Djo sur le parvis. On peut imaginer qu'il le félicite, le remercie, le réconforte... mais on ne peut rien en déduire formellement. Il n'y a pas de son. À l'image, encore, l'homme en costume prend Butch par le cou pour lui parler, puis repart. Sam attendait Djo pour dîner. Butch et Razmo ont partagé leur table, et chacun a payé sa part, tous l'assurent.

« Mes amis n'ont pas le bras assez long pour faire cela avec des jurés, ce n'est pas la mafia », estime Guimzo, questionné depuis la maison d'arrêt de Villepinte. Il est derrière les barreaux depuis un mois et demi, en détention provisoire pour trafic de stupéfiants. L'enquête du groupe Cités de la PJ du commandant Briançon a débouché sur un coup de filet le 15 mai : Guimzo et deux frères ont été arrêtés aux Pavillons-sous-Bois et à Bondy, 100 000 € saisis ainsi que 200 kilos de cannabis conditionnés dans des valises marocaines, ballots de plastique hermétiques.

« Razmo, c'est mon ami d'enfance, un ami de maternelle, qui ne peut pas faire de mal, explique Guimzo, il ne peut pas faire cela avec des jurés... C'est de la parlotte, des idées farfelues, c'est pas sérieux. Il ne ferait jamais de mal à quelqu'un, c'est juste pour avoir des informations générales. » « Allez essayer de corrompre un jury, c'est pire que tout ! » dit-il au capitaine de police qui prend note de ses réponses.

Interrogé sur cette discussion au téléphone avec Razmo, au sujet d'une remise d'argent pour Afo à Saint-Ouen, il assure qu'il s'agissait de l'achat d'une voiture pour quelqu'un de sa famille. Lui s'y connaît en voiture, Afif lui a demandé d'aller voir le vendeur du Bon Coin, d'évaluer la voiture et d'avancer l'achat. Mais Guimzo, qui n'avait pas la somme, n'y est pas allé.

Ana, Loïc et Souleymane ont pu rentrer chez eux au terme de la garde à vue. Pas Djo. Il a été déféré devant la juge d'instruction, tout comme Razmo et Butch.

C'était reparti pour un tour de table des anciens jurés. Les cinq qui n'ont pas été placés en garde à vue sont reconvoqués à Bobigny, à l'automne 2019. Ils réagissent différemment aux rebondissements de l'enquête, certains sont surpris que Djo soit impliqué, d'autres pas. À en reparler, Afif est peut-être l'accusé dont ils ont le plus débattu. Une jurée rappelle avoir été déstabilisée par la complexité de l'affaire, voire « écœurée par tous ces acquittements ». Mais ils l'affirment une nouvelle fois: aucun d'eux ne s'est senti influencé dans son vote.

Ils évoquent en revanche la peur de juger. Leur inquiétude en marge du procès, ils se raccompagnaient le soir parfois. La crainte aussi de « croiser les accusés libres, pendant le procès », « la peur d'être reconnu au centre commercial en allant faire les courses ». Petit Père était sous escorte, pas eux.

Rendez-vous près de l'église

Je propose un rendez-vous à Petit Père. Sept mois se sont écoulés depuis le verdict de Bobigny, je veux recueillir son témoignage sur ces rebondissements judiciaires inattendus, saisir cette vie d'« enfermé dehors » décrite à la barre de Bobigny.

Au tribunal, il n'était jamais seul. Les rares minutes où j'ai pu discuter avec lui, c'était au téléphone ou devant la salle d'audience, à portée de voix des policiers.

Parler ne le dérange pas, mais l'homme est méfiant,

surtout depuis qu'il sait que je ne viendrai pas seule. Un photographe du *Parisien*, Olivier Arandel, m'accompagne. Si Petit Père accepte de témoigner, il sera méconnaissable sur les photos, il a notre parole.

Nous convenons d'un lieu neutre, près de chez lui, un de ses jours de repos, puisqu'il travaille. Je ne verrai pas sa caravane, ni son chat. Rendez-vous est pris dans un village du sud de la France, région où il a élu temporairement domicile, à des centaines de kilomètres de Paris et de la Seine-Saint-Denis.

Le soleil est matinal. Nous nous retrouvons sur un parking près de l'église. Elle est fermée, mais le symbole compte pour lui. « J'ai promis au bon Dieu d'arrêter de faire le con ! » me dit-il en souriant. Il porte un bas de survêtement et un tee-shirt à manches longues qui lui permet de cacher ses cicatrices sur les avant-bras, une manière d'éviter les questions. À l'affût, il observe chaque véhicule qui passe.

Il nous explique avoir changé de vie six fois, le sac à dos toujours prêt au cas où il faudrait partir. Il enchaîne les petits boulots, on ne sait pas s'il est connu sous un autre nom ici. Sa clandestinité limite forcément les possibilités de vérifier ce qu'il dit. « Ma vie, aujourd'hui ? Je ne sais même pas si on peut appeler ça une vie. Je suis en hypervigilance. Je fais mes courses à l'ouverture des magasins, je change de commerce tout le temps. » Mi-ermite, mi-mystique, il évoque sa passion du jardinage, son plaisir d'être dans la nature, sa foi en Dieu. Sans télé, ni Internet. « Je reviens de tellement loin, je ne vais pas m'attarder à regarder de la merde. »

« Personne ne connaît mon histoire, pour ma sécurité et celle de mes enfants », nous répète-t-il. Il est difficile de jauger le danger qu'il court. Si on veut lui faire la peau, pour la plainte qu'il a déposée. « C'est un miracle que je sois encore en vie », nous dit-il. Il reparle avec dégoût du trafic auquel il a participé. « Je suis horrifié de mon comportement, toute cette drogue que j'ai transportée, il y a de quoi empoisonner une population », regrette-t-il quatre ans plus tard.

Il parle de ses enfants, sa plus grande fierté.

Un « ami de la famille » qui travaille pour l'État lui a permis de prendre le large. « En allant à la police, c'était le seul moyen de rompre avec mes excès, et tout cet entourage, et le seul moyen de me réhabiliter, de me regarder dans une glace un jour », tient-il à répéter.

Sept mois après le verdict, il fait beaucoup de sport, lit Vian, Baudelaire, Bernard Weber, a un bon coup de fourchette mais sa vie n'a pas beaucoup changé. « Je fais toujours les mêmes cauchemars, je ne dors pas, le bruit de l'eau m'insupporte. » Il reparle du simulacre de noyade. « Ça coulait, c'est là qu'on va te noyer… un me tenait la tête, un autre les bras et les jambes. » Tout ça pour quelques milliers d'euros qu'il n'a jamais touchés.

« Cinq ans après, j'ai mal aux chevilles, aux genoux, j'ai des cales aux côtes, j'ai peur de l'eau, quand je me lève tous les jours et que je me vois, je sais ce qui s'est passé. Je suis furieux de ce qu'il s'est passé à

Bobigny, j'ai eu l'impression d'avoir été l'accusé, mais j'ai foi en la justice de mon pays », insiste-t-il en me regardant dans les yeux. Accusé de mensonge, accusé aussi d'avoir participé au vol de la drogue, il en a pris pour son grade pendant les deux semaines de procès. L'expert psychologue qui l'a rencontré avant le procès a souligné son côté narcissique et, depuis les bancs de la défense, on a moqué cette victime grandiloquente. Une victime peu banale, c'est certain.

Il se vit comme « l'homme des premières », « insoumis », lui le trafiquant de drogue international repenti, dispensé de peine, lui dont le procès a été reporté faute de jurés et se trouve désormais entaché de soupçons de corruption. Quand il a appris l'ouverture d'une information judiciaire pour corruption de jurés, il en a pleuré, ému que « des gens se battent pour lui ».

Il évoque le procès dans les détails, chaque accusé, il a « la haine contre ce verdict », il en veut au président de la cour d'assises qui « n'a pas su conduire les débats ». « J'y pense tous les jours, explique-t-il. Je ne suis pas guidé par la soif de vengeance mais de vérité. » Il cite Mandela : « Je ne perds jamais, soit je gagne, soit j'apprends. » On l'imagine en boxeur, se préparant à remonter sur le ring pour la revanche, le procès en appel à Paris. Il relit régulièrement les notes prises au procès à Bobigny, il n'a pas arrêté d'écrire. « Je me blinde pour le procès, pour avoir le sens de la repartie, rebondir. Au premier procès, on ne m'a pas écouté, au deuxième, je vais tout faire pour être entendu. »

Lorsque nous partons, il file récupérer les clés de l'église auprès d'une habitante pour se recueillir.

Le juré de Bobigny jugé à Bobigny ?

La justice avait été ébranlée en Seine-Saint-Denis, ceux qui étaient tenus pour responsables pouvaient-ils comparaître devant ce même tribunal et y être jugés de manière sereine et impartiale ? Des juges de Bobigny pouvaient-ils seulement instruire une affaire impliquant des collègues qu'ils croisaient tous les jours ?

L'avocat de Razmo est persuadé que non. Raphaël Chiche a fait une demande de dépaysement pour que l'affaire des jurés soit instruite dans un autre département. « L'affaire touche incontestablement à la marche de la justice criminelle au sein du tribunal de grande instance de Bobigny », argumente fin 2019 Me Chiche.

L'avocat développe : « De telles investigations impliquent nécessairement de fortes interactions entre les protagonistes et des acteurs du dossier dans lequel sont survenus les dysfonctionnements, il s'agit de personnes qui se côtoient quotidiennement. » La greffière, la substitut du parquet, une juge aux affaires familiales, un vice-président en charge de l'application des peines de ce tribunal ont été interrogés dans le cadre de l'affaire.

« Le parquet de Bobigny est tantôt en charge de

poursuivre ces faits, et tantôt témoin d'eux, par l'intermédiaire de l'un de ses membres, ce cumul de fonctions étant manifestement contraire au principe de bonne administration de la justice », poursuit l'avocat. Il craint que le droit à un procès équitable, les droits de la défense et la sérénité des débats ne soient pas garantis dans ce contexte.

C'est au parquet général de se prononcer : « Tant la nature des infractions visées par l'instruction que la qualité et le nombre des personnels judiciaires concernés (magistrats du siège et du parquet ainsi que des personnels de greffe du tribunal de grande instance de Bobigny) semblent justifier le dépaysement de l'affaire », écrit le premier avocat général de la cour d'appel de Paris, favorable à « un renvoi de cette procédure d'information devant une autre juridiction afin d'assurer la discrétion et l'impartialité indispensables à la conduite sereine de l'information ».

Mais la Cour de cassation, à laquelle revient la décision finale, n'est pas de cet avis : « Il n'existe pas de cause de renvoi devant une autre juridiction dans l'intérêt d'une bonne administration de la justice », peut-on lire dans l'arrêt. L'affaire est instruite à Bobigny et c'est là qu'elle sera jugée, dans la même enceinte. Bobigny est tout à fait capable de juger les délinquants et criminels de Seine-Saint-Denis, la preuve. À moins qu'un dépaysement n'offre trop de visibilité à une affaire dont l'institution se serait volontiers passée.

« Si on ne peut pas juger cette affaire, pour nous c'est une catastrophe absolue »

Paris, mai 2020. Vingt-huit mille morts du Covid en France, pas encore de vaccin, le pays se réveille groggy de deux mois de confinement. La priorité est de retravailler, pas de juger ses pairs. « Deux semaines de procès ? C'est inimaginable ! Notre chiffre d'affaires est à zéro… Nous devons gérer la reprise », se désespère à la barre de la cour d'assises de Paris un chef d'entreprise parisien en costume, à la tête d'une société de tourisme de sept cents salariés. Il se lève à 5 heures pour redresser la barre mais, ce lundi matin, il a dû faire un détour par l'île de la Cité. Comme quarante-cinq autres parisiens, il a été tiré au sort sur les listes électorales pour un procès dont il ignore la teneur.

Chouk, Bouba, Afif, Docteur et Raldo sont sur le point d'être rejugés à Paris. Décidément, cette affaire a le chic pour mal tomber. Gel et masques à volonté, autocollants sur les bancs rappelant le mètre réglementaire à laisser entre deux personnes, trois niveaux de bancs pour les jurés tirés au sort… Tout a été pensé pour que la justice suive son cours. Encore faut-il convaincre ces Parisiens de mettre leur vie professionnelle et personnelle en suspens deux semaines de plus.

L'affaire de Petit Père compte parmi les premiers procès du déconfinement, et en appel, il faut encore plus de jurés : neuf titulaires au lieu de six en première instance auxquels il faut ajouter les suppléants.

Le quorum nécessaire à l'ouverture du procès est d'au moins vingt-trois. Depuis le déconfinement, les demandes de dispense sont plus nombreuses, mais aucun procès n'a été empêché. Il n'est pas question que celui-ci n'ait pas lieu.

Silhouette menue, la soixantaine distinguée, la présidente de la cour d'assises balaye la salle du regard, et, sur son siège, enlève son masque pour s'adresser à l'assemblée. « Je remercie les personnes qui se sont présentées, malgré les difficultés professionnelles et personnelles dues à l'épidémie que nous traversons tous. Nous avons mis en place dans cette salle des mesures de distanciation, si vous avez des dispenses à faire valoir, il faut venir au micro, toutes les demandes ne pourront pas être accordées », prévient Xavière Simeoni, rappelant au passage qu'être juré est « un devoir civique qui incombe depuis la Révolution française ». Pour être dispensé, il faut avoir une bonne raison. La présidente leur rappelle aussi le montant de l'amende en cas de manquement.

« Nous tenons à ce que l'affaire soit jugée, il faut vingt-trois personnes non dispensées, si on ne peut pas juger cette affaire, pour nous c'est une catastrophe absolue, et pour les détenus qui attendent et pour les parties civiles », indique clairement la magistrate.

Sur les quarante-cinq personnes convoquées, sept ont quitté Paris, trois ont plus de 70 ans, une n'en a pas encore 20… Dix-huit acceptent de siéger sans rechigner et seize défilent donc au micro pour réclamer une dispense. L'avocat général, qui représente le parquet, est aussi là pour donner son avis.

Un trentenaire, gestionnaire RH dans une société de transport, pensait qu'un courrier suffirait. Il y décrit une surcharge d'activité, il est encore en période d'essai. Dispense refusée. Un employeur ne peut pas s'opposer à ce qu'un salarié siège.

À la barre, une femme sort un certificat médical. « C'est vraiment ma première sortie depuis trois mois, mon médecin considère que c'est risqué que je sorte, mais s'il le faut vraiment je ferai l'effort. » Dispense accordée. Même chose pour une quinquagénaire qui se dit, d'avance, « pétrifiée par rapport à l'ambiance de violence ». Pourtant, elle ne connaît encore rien à l'affaire. Mais un médecin a écrit quelques mots pour confirmer sa fragilité.

Suit une trentenaire, responsable marketing : « Je suis enceinte de trois mois, faible psychologiquement et j'ai des rendez-vous médicaux importants. » Dispense refusée.

Lui succède alors une responsable de la Caisse d'allocations familiales. « Je suis navrée, s'excuse-t-elle, j'aurais souhaité rester, mais c'est ingérable, je serai obligée de travailler le soir et la nuit. » Elle explique qu'elle dirige la cellule de crise formée depuis le début de l'épidémie pour les jeunes précaires. L'avocat général lui demande si elle peut quand même venir au tirage au sort le lendemain. Il peut récuser quatre personnes. Après tout, il faut surtout que le quorum soit atteint à l'ouverture. « Bien évidemment », répond la responsable.

Son mari a fait un AVC, sa mère est diabétique... « Si quelque chose se passe, cela pourrait être terrible », indique à la barre une professeure de langue qui n'est sortie que deux fois depuis le début de l'épidémie de Covid, dont « une fois pour se rendre à des obsèques ». C'est sa troisième sortie, ce lundi. Dispense accordée.

Un responsable administratif d'hôpital demande lui aussi une dispense. « Je ne peux pas garantir une concentration maximale », confie-t-il, le souffle court. Il a été contaminé par le Covid et a toujours du mal à s'en remettre. Dispensé.

Une femme, la tête couverte par un foulard, ne demande pas de dispense. On lui rappelle que, pour juger, chaque juré doit le faire tête découverte. « Ça ne me dérange pas », assure-t-elle.

Une directrice d'école privée réclame aussi une dispense, elle accueille les enfants à l'école. L'avocat général a l'air sceptique. « Est-ce que cela met en péril l'établissement si vous êtes absente? Il y a des enseignants autour de vous? » demande le représentant du parquet général. « En péril... c'est un peu fort, mais j'ai une responsabilité sanitaire. » Dispense refusée, comme pour le chef d'entreprise de sept cents salariés.

À l'issue de l'audience, il en reste vingt-cinq. Ils sont enseignant à la retraite, juriste, médecin, ingénieur, cuisinier, monteur ajusteur, conseiller en stratégie, consultant RH, ingénieur informatique, expert qualité, et un avocat qui aurait préféré se concentrer sur ses dossiers au cabinet.

Le procès pourra démarrer si tout le monde revient bien le lendemain. Les futurs jurés ont droit à un petit film. Un président de cour d'assises y explique que « le délibéré ne lui appartient pas », qu'un verdict ce n'est pas la loi du Talion. Une jurée assure que « c'est quelque chose qu'il faut vivre, on en retire quelque chose du fonctionnement de la justice ».

Étrange résonance avec la tournure du procès de Bobigny, mais les jurés parisiens ne savent rien de l'affaire que neuf d'entre eux auront à juger, ni des soupçons de corruption.

« Vous n'aviez pas une petite réserve de cocaïne dans le camping-car ? »

La victime veut demander le huis clos. « Rien ne dit qu'ils ne vont pas tenter de recommencer », estime Petit Père qui a maintenant plus de 50 ans. Il a donné un faux prétexte à son employeur pour s'absenter deux semaines. Il sera à nouveau sous escorte, on le lui a promis. Comme sur le parking de l'église, il apparaît combatif. Il attend tout de ce second procès. Rétablir la vérité, obtenir justice. Comme si les compteurs étaient remis à zéro.

Ce huis clos est un atout pour la sérénité des débats, son avocate Anne-Charlotte Mallet en est encore plus convaincue ici, à Paris. La fuite de verdict à Bobigny est un argument de plus à mettre à l'appui de sa demande. D'autant que toute la lumière n'a pas encore été faite sur l'affaire du verdict. Le dossier est toujours à l'instruction. Djo, Razmo et Butch sont mis en examen, ces deux derniers attendent derrière les barreaux.

L'idée d'un huis clos ne fait pas l'unanimité. « Cela renforcerait le climat de suspicion », craint Beryl Brown, qui défend toujours Chouk. « Huis clos ou pas, ça ne changera rien à notre défense, l'acquittement de mon client était fondé », balaye Chloé Arnoux, l'avocate de Docteur. Et peu importe pour la défense de Bouba : « Nous attendons un procès équitable, avec des conditions sereines et une vraie décision de justice, cette fois, qui ne soit pas une parodie », explique Morgane Le Hir.

Une audience publique, pas de quoi impressionner Xavière Simeoni. La présidente a plus de trente ans de métier, tient ses audiences d'une main ferme et sait se faire respecter. Elle rappellera à l'ordre tous ceux qui tenteraient de déborder, avocats compris.

Petit Père s'est renseigné, c'est elle « qui a renvoyé Jacques Chirac en justice » pour les emplois fictifs à la mairie de Paris, Xavière Simeoni était alors juge d'instruction au pôle financier. Présidente d'assises, elle a mené les débats de procès très médiatiques, pour des faits de terrorisme, en lien avec le génocide au Rwanda, ou des crimes de droit commun, souvent à Bobigny où elle était référente pour la cour d'appel de

Paris. Elle siégera l'année suivante à la cour d'assises spéciale au procès-fleuve des attentats du 13 novembre 2015.

La défense pense que la présidente est là pour « resserrer les boulons d'une machine judiciaire qui s'est emballée » et « les vis d'un dossier suivi ». Les avocats ont la certitude que « ça va cogner ».

Ordonner le huis clos en cours de procès, Xavière Simeoni l'a déjà fait. C'était à Bobigny, justement, en octobre 2019. Douze accusés étaient jugés pour le meurtre en bande organisée d'un adolescent de 15 ans, à Pantin. L'ambiance était tendue, le public, scindé en deux clans. En cours de procès, une jurée a alerté la présidente qu'elle avait été approchée par un proche des accusés un soir en rentrant chez elle. Dès le lendemain, Xavière Simeoni a averti la salle de l'ouverture d'une enquête de police à ce sujet. Lorsque, quelques jours plus tard, un accusé qui comparaissait libre s'est fait agresser, la magistrate a ordonné le huis clos. Public et journalistes ont trouvé les portes closes[1].

Mais à Paris, comme à Bobigny, le procès des tortures sera public. Deux ans plus tard, l'ambiance est très différente. Et cela ne tient pas seulement à la solennité du lieu, dans ce palais de justice chargé d'histoire garni de marbre et de tapisseries sur l'île de la Cité. Talons qui résonnent dans les couloirs,

1. « Huis clos au procès Fossary à Bobigny : on se retrouve seuls face aux accusés », Nathalie Revenu, *Le Parisien*, 18 octobre 2019.

immensité des lieux. Escaliers, galeries, plateaux… Les visiteurs ont intérêt à passer par l'accueil pour se repérer.

Petit Père est toujours sous escorte, mais le public a quelque peu déserté. Les jurés ont un accès dédié, une porte rien que pour eux. Dans cette salle tout en longueur, avec des tables en enfilade pour les avocats, les places assises sont moins nombreuses.

Dans le box des accusés : Bouba, Chouk et Docteur. Bien qu'acquitté à Bobigny, Docteur, crâne rasé et silhouette athlétique, purge sa condamnation pour trafic de stupéfiants. Il est au centre dans le box. Libres, Afif et Raldo sont assis au premier rang ; il leur faudra se montrer ponctuels. « Je vous l'ai bien dit, si vous arrivez encore en retard, la cour envisagera la détention provisoire », prévient Xavière Simeoni à l'adresse de Raldo qui s'est fait attendre dès l'ouverture du procès.

Le ministère public a aussi fait appel contre la locataire de l'appartement, la jeune femme rousse. Elle n'a pas perdu son sourire, et a changé d'avocat. Chouk et Afif seront ici défendus par deux avocats chacun.

Cette diminution du nombre d'accusés a le mérite de simplifier la mission des jurés. Plus de mélange des genres entre les victimes et les accusés, la ligne de démarcation est nette. Maxime a rejoint Petit Père sur le banc des parties civiles, à gauche, près de l'avocat général. Les jurés parisiens examineront les faits d'enlèvement, séquestration avec actes de torture et de barbarie en bande organisée, c'est déjà plus simple.

Quatorze sont appelés sur l'estrade, neuf titulaires, cinq suppléants. Le chef d'entreprise et la future maman sont récusés. Les jurés retenus rejoignent l'estrade un à un jusqu'aux fauteuils qui leur sont réservés, disséminés sur plusieurs rangées, Covid oblige. Image étonnante d'un jury masqué, sur trois rangées. Un gendarme rabroue une avocate qui a emprunté son stylo : « Maître, il y a le Covid ! »

Les témoins se font rares. À l'appel, onze brillent déjà par leur absence, à commencer par Pénélope. « Je n'ose pas croire que les témoins ont peur de venir », commente l'avocat général, Rémi Crosson du Cormier. La petite amie de Raldo est aussi introuvable. On comprend qu'ils sont séparés. « On va essayer de la trouver mais ne vous mettez pas en contact avec elle », prévient la présidente. Dans la salle, la compagne d'Afo, enceinte.

La présidente fait son rapport, le résumé des charges qui pèsent contre les accusés. Quelques expressions servent de mise en bouche : « son trou était creusé », « le passer au fer à repasser », « le noyer et l'enterrer vivant », « lui brûler les couilles, il s'était tapé de bonnes bouffes et des putes à Alicante ».

Appelé à la barre pour raconter l'enquête, le commandant Briançon se charge des détails. En appel, on refait le procès, comme si tout repartait de zéro. « C'est une affaire longue, compliquée, violente, avec des intimidations. Les conditions sur le 93 ne sont pas très faciles, il y a des témoins retors qui ont peur de parler. » Le policier déroule le fil de l'enquête au présent, cite les dates et les écoutes. Il insiste sur les coulisses de l'enquête, cette conversation surprise par un adjoint de sécurité au moment des gardes à vue des suspects à Bobigny en 2016 : « Ce qu'on a fait, ça s'appelle une séquestration, y a un mec qui a parlé, l'OPJ ne sait pas que tu y étais. »

« Se voler de la drogue en Seine-Saint-Denis, c'est un sport national, par contre un tel paroxysme de violence, je n'ai jamais vu ça de toute ma carrière », précise le commandant qui pense que tous les accusés présents dans la salle sont impliqués, les trois détenus et les trois libres, tous complices.

Il évoque les messes basses pour accorder les versions sur qui avait remis les clés de l'appartement, des appels passés en prison – même en détention, on peut téléphoner –, la sœur de Pénélope qui menaçait de tout révéler, le père de la jeune femme rousse, qui a retrouvé sa fille « l'épaule déboîtée, la tête en sang, à cause de l'affaire ».

L'audition la plus marquante pour lui est celle de Maxime. « On a eu l'impression qu'il a exorcisé ses démons pendant la garde à vue. » La principale cible, c'était Petit Père, mais d'après le policier ils ont subi « un niveau de torture équivalent ».

« Pourquoi Petit Père a déposé plainte si tard ? demande la présidente.

— Il a mis de longs mois à se remettre, un an après il était encore perturbé, ils ont subi des faits de nature atroce. Il a pu parler car il a quitté la région parisienne, sans donner d'adresse.

— Pourquoi ne pas avoir enquêté sur la disparition du convoi ?

— Malheureusement, sur ce détournement, on n'a rien pu savoir. »

Mais le commandant confirme, le Sse-Ru dont Chouk parlait sans savoir qu'il était sur écoute est fiché au grand banditisme, aguerri en stups et en braquages, ce qu'on appelle « un gros voyou ».

« Et Polo ?

— Je pense qu'il existe, j'ai ma conviction, je suis convaincu qu'il est dans le box, répond le policier qui désigne Afif. »

L'avocat d'Afif, Joseph Breham, rectifie illico : « Il n'est plus dans le box, il a été acquitté ! »

On voit le commandant tiquer à l'évocation de cet acquittement.

Joseph Breham attaque : « Le Russe a bon dos, on lui met sur le dos tous les braquages du coin ! » La défense est bien décidée à dénoncer les lacunes de l'enquête. Après tout, on ne sait pas où est passée la drogue.

Le commandant maintient : « Quand, en général un gardé à vue ne veut pas répondre, c'est parce que c'est gênant pour lui, ou pour un autre. » Il trouve improbable la thèse d'une histoire de cœur entre Petit Père et Pénélope, avec ce vol concerté de la drogue. Pourquoi Petit Père se serait embêté à voler l'herbe alors qu'il avait l'argent entre les mains à l'aller ?

La présidente interroge Petit Père sur son crochet chez Maxime pour prendre un rail.

« Vous avez déjà effectué pas mal de kilomètres, vous êtes presque à destination, vous n'avez pas une petite réserve de coke avec vous dans le camping-car ?

— Si je me fais contrôler, ce n'est pas sérieux ! »

Parce que c'est plus sérieux de transporter ces kilos de cannabis ? Viennent les questions sur le braquage par le commando armé de la RN 3 :

« Pendant cinq heures ? Pourquoi vous ont-ils gardé aussi longtemps, à genoux, un calibre sur la tête... C'est quoi, l'intérêt ?

— Je n'ai pas de réponse, madame le président, ça fait six ans que je me pose ces questions ! »

Les brûlures : « Avec quel instrument ? Le fer à repasser, il n'y en avait pas dans l'appartement.

— Je n'en sais rien mais c'était tellement douloureux. J'ai toujours des séquelles, c'était plat avec des petits points. »

Les médecins ont estimé qu'il pouvait s'agir d'un fer à lisser.

La combinaison de peintre, à la libération : « Pourquoi n'avoir pas conservé cette combinaison ?

— Je n'étais pas dans l'optique à ce moment de déposer plainte, j'étais vivant. »

Il vient de raconter, en larmes, les tortures subies en 2014.

En visioconférence, et même si la liaison est mauvaise, les phrases hachées, les jurés ont entendu le légiste évoquer « deux dents en moins, une cicatrice de la verge sur 6 centimètres, sur les bras, 15 centimètres, sur le genou, les chevilles, les fesses ».

« Que pensez-vous du récit que vous venez d'entendre ? » demande la présidente à Raldo, le cueillant à froid. À l'opposé du procès de Bobigny.

Il redresse la tête : « C'est très grave. »

Elle insiste : « Comment les qualifier ? Admettons que tout ce qu'il a subi est vrai...

— C'est un truc de malade, c'est choquant. »

Le tour de table ne fait que commencer. Elle pose la même question à tous les accusés.

Afif : « Je ne suis pas du tout insensible... Les émotions qu'il revit... »

La présidente : « Et les auteurs, comment vous les appelleriez ? »

Afif : « C'est très grave... Des voyous. »

La présidente : « On a connu d'autres faits identiques qui se sont plus mal terminés. »

Afif : « Un truc de fous... Grave... Je ne connais pas de mot plus grave. »

Bouba : « J'aimerais donner ma version. C'est très grave... »

Il se balance, embarrassé.

La présidente est déjà passé à Docteur : « Qu'est-ce que vous pensez du récit ?

— C'est des horreurs, c'est horrible, je n'aimerais pas être à sa place, personne ne peut l'être.

— Et les auteurs ? C'est inqualifiable, il n'y a pas de mot. »

Chouk : « Ça me fait mal au cœur, je le connais, c'est de l'inconscience pour moi, depuis le début, ça me fait mal au cœur, c'est de la folie. »

Malgré les masques, le malaise se lit sur les visages des jurés lorsque sont diffusées sur écran géant les photos des blessures de Maxime, plaies à vif, chairs rougies, creusées par les brûlures... Des photos prises avec son portable, déjà montrées à Bobigny. Mais dans cette salle plus petite elles paraissent encore plus réelles. Maxime n'est toujours pas capable de désigner ses tortionnaires, mais soutient que l'un d'eux a éprouvé une certaine jubilation.

« On a pris cher, lui encore plus que moi », dit-il à la barre, nerveux et très ému en parlant de Petit Père. « J'ai pensé à un fer à friser, un objet qui chauffe... le nombre, j'ai pas compté, j'étais tellement blindé de brûlures... » Il s'arrête, submergé par l'émotion.

Il n'en veut pas à Chouk. « Il ne m'a pas fait de mal, il a été correct avec moi, je n'ai pas de raison de lui en vouloir », justifie-t-il.

La présidente intervient:

« On cherche à savoir qui a fait quoi, quelles clés vous avez, vous? Vous ne savez pas qui vous a séquestré, pourquoi lui saurait qui l'a braqué? dit-elle au sujet de Petit Père. Qu'est-ce que vous attendez?

— Je ne sais pas, ça ne va rien changer à ma vie. »

Maxime assure n'être ni inquiété ni menacé.

« Pourquoi n'avez-vous pas déposé plainte?

— Je suis resté en région parisienne.

— Donc vous aviez un peu peur?

— Oui. »

Peur du noir, peur du bruit, en hypervigilance, lui aussi. Mais, finalement, il s'est constitué partie civile à ce procès. L'avocat général lui redemande pourquoi il n'a pas déposé plainte. Il tourne le dos à la salle, mais on entend ses larmes. « Ça n'enlève rien à ma douleur, j'en veux à ceux qui m'ont fait ça. »

« On n'aime pas les balances »

La boule au ventre à chaque fois que le téléphone sonne, quand une voiture rouge passe devant la maison, quand la sonnette retentit en pleine journée alors qu'aucune visite n'est prévue. C'est l'envers du trafic, le quotidien des victimes collatérales. Les familles qui profitent de l'argent de la drogue sont régulièrement évoquées, rarement celles plongées dans la terreur quand ça dérape.

« C'est très dur de revivre tout ça », explique l'ex-femme de Petit Père, mère de leurs trois enfants, qui a accepté de venir témoigner. Elle a 49 ans, est assistante d'éducation. « J'ai beaucoup de colère en moi, pour ce qu'on a vécu avec mes enfants. » Petit Père l'avait appelée avant son rendez-vous chez Maxime, en septembre 2014 : « Si je ne suis pas rentré, tu signales ma disparition, je t'aime, j'aime nos enfants, à bientôt peut-être. » Elle avait vu ses blessures lorsqu'il était rentré du cabanon, elle a pris son message au sérieux.

« Au travail, j'ai reçu un appel d'un ami de mon mari qui demandait de l'argent par rapport au chantier en Espagne. Mais si j'avais eu 50 000 € en poche, j'aurais rempli mon frigo… Mon fils aussi a reçu un coup de fil disant que jusqu'à présent ils avaient été gentils mais qu'ils n'allaient plus l'être. Quand on est rentrés, on est allés au commissariat. » Les enfants étaient traumatisés. Elle se souvient encore des cinquante-deux absences de son fils à l'école.

Les seules fois où elle a revu son ex-mari, c'était lors des procès. « J'avais quelques signes de vie de sa part, il disait qu'il était en forêt… »

Tout imprévu est devenu suspect, source d'angoisse, comme en avril 2015, lorsqu'un homme entre dans leur pavillon, prétendant chercher « Corinne ». Il n'est plus jamais revenu.

Six ans ont passé, mais la peur est restée. Si elle se sent en danger ? « Tout le temps. On a changé les serrures… Toutes ces années sans savoir, dans l'angoisse jour et nuit, dormir trois ou quatre heures par nuit, revivre, se souvenir, tant que cette histoire n'est pas terminée, on ne peut pas tourner la page. Les plus jeunes [*des enfants*] ont réussi à poursuivre leurs études. L'aîné n'a pas de travail. »

« On s'est retrouvés seuls, du jour au lendemain, abandonnés », enchaîne le cadet des fils. Il avait 16 ans quand son père s'est enfui, 22 aujourd'hui et c'est le seul des trois enfants à s'être rendu au procès. La première fois qu'il a revu son père, c'était à Bobigny, au procès qui n'a pas eu lieu, faute de jurés, en 2018. Il fait des études supérieures. « Je suis content de le revoir. Chaque jour depuis sa disparition, c'est très dur, pour mes frères, ma mère et moi. Quand je m'endors le soir, j'ai une boule au ventre, j'ai peur qu'on m'annonce son décès. C'est très dur. »

Lui aussi a vu les blessures de son père, il a « trouvé ça horrible ». « J'avais peur pour lui, pour moi », admet le fils. Plusieurs fois, il a répondu au téléphone et entendu des voix d'hommes qui cherchaient son père. « J'ai dit qu'il n'était pas là. Je devenais parano, je n'ai jamais vraiment réussi à occulter tout ça », raconte-t-il. Il se demande encore si le conducteur de la voiture rouge, qui est passée plusieurs fois devant chez eux, cherchait son père.

La présidente intervient: « Ce procès est l'occasion de lui dire, même si ce n'est pas l'endroit idéal pour se rapprocher d'un père, vous pouvez le lui dire. »

Le fils répond: « Je souhaite le revoir et passer des moments avec lui. »

Xavière Simeoni s'adresse à Petit Père: « Monsieur, votre fils veut vous revoir. La cour d'assises peut aussi avoir une vertu thérapeutique, celle de rapprocher les gens. Si vous voulez l'attendre, vous pouvez. »

Les deux autres fils ne témoigneront pas. « Ils ont tellement souffert et ont eu tellement d'inquiétude qu'ils ne veulent pas le voir », justifie leur mère.

La mère de Petit Père s'est elle aussi demandé pendant des mois si son fils était mort. « Il m'avait dit qu'il s'absentait car il avait trouvé un autre travail, c'était chouette », explique cette femme de 71 ans, cheveux poivre et sel, prof de sport à la retraite. Elle paraît minuscule à la barre, on l'entend à peine, son masque lui tombe sous le menton. Elle est très impressionnée de s'exprimer devant une cour d'assises. « C'est très difficile », répète-t-elle aux jurés.

« Il m'a téléphoné d'Espagne pour mon anniversaire, se souvient-elle. Et, en septembre, il était affolé, terrorisé, il disait qu'il avait besoin d'argent, qu'il avait hypothéqué la maison. Mais moi je ne pouvais pas réunir tout cet argent en une semaine. 300 000 € pour moi, ce n'était pas possible. Il est parti et je n'ai plus eu de nouvelles pendant plusieurs mois. » Elle s'accrochait à ce qu'elle pouvait, comme cette assiette où le prénom de son fils était peint.

Jusqu'à cet appel d'un ami de la famille, quelques semaines plus tard, sous forme de message codé : « J'ai un paquet qui est bien arrivé. Il est en forme, ça va. » Le fils était en vie. « J'étais rassurée », dit la mère qui le compare à un « animal traqué ». Elle avait très peur qu'il aille en prison aussi, « parce que, en prison, il se passe des choses ». Elle a toujours été là pour lui. Du premier rendez-vous chez l'avocate jusqu'aux procès.

Elle était là quand il a fallu payer la location du camping-car aussi. « Ah, là là... les sièges étaient lacérés, la ventilation cassée, le lavabo, les sanitaires détériorés... j'étais tellement stupéfaite, il y avait de telles dégradations ! Il m'a dit qu'il avait été braqué, attaché, ligoté dans une voiture, les yeux bandés puis torturé. Il sait que je suis très sensible, il n'est pas entré dans les détails, j'étais tellement abasourdie que je n'ai pas retenu les détails. » Elle avait aperçu les marques, sous son tee-shirt, avec un fer à souder, un fer à repasser, elle ne sait pas très bien. « Ce n'est pas possible que des êtres humains fassent de telles choses. » Elle est certaine qu'elle a été surveillée. Une voiture, rouge, tournait aussi près de chez elle.

La cour n'a plus de question à lui poser mais la retraitée reprend la parole. « J'aimerais dire quelque chose. J'ai reçu un appel sur mon portable, la semaine dernière. "Tu sais qui je suis, tais-toi, ne dis rien, on n'aime pas les balances, tu vas cracher le morceau." C'était une voix d'homme. » Elle a cru déceler un « accent corse ». Elle rapporte aussi plusieurs appels d'Algérie, l'indicatif était 213, raccrochés subitement. Un avocat de la défense la met en garde contre les arnaques téléphoniques. Mais elle insiste : l'appel anonyme, c'est la première fois : « À Bobigny, je n'avais rien eu. »

Six ans plus tard, elle salue publiquement le courage de son fils. « Il a quand même eu le courage de se dénoncer pour protéger sa famille et réparer ses erreurs, il a eu beaucoup de courage. » Elle se tourne vers lui : « Je t'aime, mon fils. »

Des risques de pression sur les nouveaux jurés ?

Plus question de tourner autour du pot. La fuite de verdict à Bobigny, les soupçons de corruption, les pressions qui auraient pesé sur un juré… Quatre jours avant la fin du procès en appel, l'abcès est crevé.

L'avocat général se charge de mettre les jurés parisiens au parfum de ce qu'il s'est passé à Bobigny.

C'est un lundi, le jury a pu décompresser pendant le week-end, s'extraire de ces violences inouïes égrenées depuis une semaine. Maxime est absent et l'avocate de Petit Père a dû être hospitalisée pour une embolie pulmonaire.

La défense des accusés n'a pas vu venir le coup. L'avocat général verse au débat un document judiciaire qui résume l'enquête en cours sur la corruption de jurés. En réalité, il y est question de Butch, 35 ans, dont personne n'a entendu parler jusqu'ici. Et c'est normal, puisqu'il n'est pas poursuivi pour l'affaire des tortures. Il a été incarcéré pour « intimidation envers un magistrat ou un juré pour qu'il influence une autorité pour l'obtention de décision favorable, violation du secret professionnel, participation à une association de malfaiteurs en vue de la préparation d'un délit puni de dix ans d'emprisonnement ». Dans ce document, qui mentionne la fuite de verdict à Bobigny, Butch est présenté comme un ami d'enfance d'Afif, on apprend que les jurés ont été placés sur écoute, que des pressions ont probablement été exercées, que le président de la cour d'assises de Bobigny a fait état d'acquittements totalement infondés.

Butch est détenu depuis neuf mois dans le cadre de cette enquête. La juge d'instruction a donné son accord pour qu'il soit libéré mais le parquet s'y est immédiatement opposé. Une audience, publique, a eu lieu pour examiner son sort. Et Rémi Crosson du

Cormier, qui évoque l'affaire, est bien placé pour le savoir puisqu'il représentait le parquet général à l'audience organisée juste avant le procès en appel.

Butch est resté en détention « pour éviter tout risque de pression sur les nouveaux jurés ». « Les moyens modernes de communication, le réseau de connaissances de Butch et les moyens que procurent les réseaux sociaux empêchent d'exclure toute nouvelle tentative d'approchement des nouveaux jurés du procès d'appel qui doit se tenir prochainement, quand bien même ceux-là seront forcément différents de ceux du premier procès d'assises, alors qu'il n'est en tout état de cause pas nécessaire de connaître une personne pour l'approcher, ou encore la victime dans cette affaire, l'intéressé ayant évoqué la possibilité de l'approcher, voire de la corrompre… La détention provisoire demeure l'unique moyen de prévenir ce risque de renouvellement de l'infraction, au regard des éléments précis et circonstanciés exposés ici… » La bombe est lâchée.

Même si les jurés parisiens n'ont pas cherché l'affaire sur Internet, ils sont maintenant tous au courant des soupçons qui entachent le premier verdict. Et de l'éventualité de nouvelles pressions sur les nouveaux jurés, c'est-à-dire sur eux.

La défense n'a pas de prise. L'affaire des jurés n'est pas tranchée, mais le simple fait d'évoquer ces soupçons et les risques de pression sur les nouveaux jurés revient à jeter l'opprobre sur les acquittés. Comme s'ils étaient renvoyés dans le box.

« C'est déloyal ! tonne Jean-Christophe Tymoczko, l'avocat de Raldo, dont le nom est également cité dans cette enquête. Nous ne pouvons pas nous battre, l'égalité des armes a été rompue par cette pièce, il faut que le dossier soit renvoyé. Il s'agit d'un arrêt de la chambre de l'instruction dans un dossier d'instruction, encore à l'instruction, au tribunal judiciaire de Bobigny, une pièce parcellaire et partiale, résumé d'une procédure qui n'est pas encore jugée, ni même clôturée, la défense est dans l'incapacité de réagir face à cette pièce puisque n'ayant pas accès à cette procédure. Pour elle, c'est un document uniquement à charge. »

Noémie Saidi-Cottier, nouvelle avocate d'Afif au côté de Joseph Breham, fustige « une atteinte grave à la présomption d'innocence ». « Le nom de mon client est cité à quatre ou cinq reprises alors qu'il n'a pas été placé en garde à vue, ni en tant qu'auteur ni en tant que complice, il n'est pas mis en examen, ni placé sous le statut de témoin assisté », développe Me Breham. Il réclame de pouvoir accéder au dossier, et si ce n'est pas possible, que le procès en appel soit renvoyé.

Aucun des avocats de la défense n'a connaissance des développements de l'instruction, aucun ne s'est constitué partie civile dans cette affaire, à part Petit Père, qui s'estime lésé par cette « parodie de justice ». Mais qui n'a pas davantage accès au dossier. Tout serait différent si la fuite de verdict avait été réglée judiciairement avant le nouveau procès. Mais ce n'est pas le cas. Il faut faire avec.

« Que se serait-il passé si j'avais attendu ? riposte l'avocat général attaqué sur la déloyauté de sa manœuvre. J'aurais pu faire quelques allusions au moment des réquisitions… Il s'est passé des choses en première instance. Je pense que j'ai fait ce qu'il fallait, poursuit-il. Cette pièce ne dit pas s'ils sont coupables ou non. » Mais elle jette un sacré doute et dévoile aux jurés un pan de l'affaire qui a de quoi faire pencher leur intime conviction. Après tout, ils viennent d'entendre qu'un président de cour d'assises a estimé les acquittements de Bobigny infondés. « C'est une violation du droit à un procès équitable, reprend Me Breham, cette pièce dit que cet acquittement a été volé sans que l'on puisse réagir. »

En vain. La fuite de verdict à Bobigny, ce n'est pas l'affaire de la cour d'assises présidée par Xavière Simeoni. La cour est saisie pour l'affaire des tortures, pas pour celle des jurés de Bobigny. Le procès continue. Encore faut-il que les jurés soient en nombre suffisant. Il ne reste plus qu'un seul juré supplémentaire. Deux défections de plus, et c'en est terminé, il faudra renvoyer l'affaire.

« Avec cette coloration de manipulation des jurés, c'est terminé », soupire un avocat à la suspension. Pour lui, les dés sont bel et bien jetés.

Bouba veut parler. « Je tenais sincèrement à m'excuser auprès de Petit Père. » Petit Père se lève. Bouba se balance dans le box.

« Je suis vraiment désolé, sincèrement, je suis vraiment désolé, ce n'était pas le but de faire du mal. »

Plusieurs secondes de silence s'écoulent. Accusé et victime se regardent. Maxime est absent ce jour-là.

« Je n'ai pas fini. Il y a des choses qui m'ont moi-même dépassé, sincèrement, j'aurais voulu vous le dire vraiment en intimité. La drogue, l'argent, ça ne mérite pas ça. J'aurais aimé que Maxime soit là. Je dois payer. »

Petit Père prend la parole :

« Je suis content d'entendre ça, t'as une grosse paire de couilles de t'être dénoncé, mais tu assumes pour tous, ça me gêne vraiment. Je te remercie, un jour j'essaierai de te voir.

— Ah non ! » coupe la présidente.

« Toi seul, ça me gêne, répète Petit Père à Bouba.

— Je vais essayer d'être plus clair et plus limpide, il y a des zones d'ombre que je ne pourrai pas éclaircir », prévient Bouba.

Mais il ne balancera pas, pas plus à Paris qu'à Bobigny. Les acquittements de ses coaccusés n'ont rien changé à sa ligne de conduite.

Il raconte la dette de poker de Chouk, qui lui propose un plan, l'Espagne, 20 kilos d'herbe de cannabis d'abord – il ne se souvient pas d'autres investisseurs à ce moment-là –, puis un deuxième, et un troisième convoi. Il était avec Polo, « c'est une autre personne, un ami à moi ». Lui, Bouba, n'aurait pas donné l'autorisation à Petit Père de faire un crochet pour ce rail de coke avant de livrer la drogue, si on lui avait demandé son avis.

Il attend la livraison à Villepinte, qui n'arrive pas, Chouk le rassure, elle arrivera le lendemain. Le jour suivant, Bouba va chercher Petit Père chez Maxime, se trompe d'adresse, sonne chez les voisins. Ils ont aperçu deux hommes, un Noir et un autre cheveux gominés, façon *La Vérité si je mens !...* Les deux hommes enlèvent Petit Père et Maxime.

« Je lui mets un coup de poing, les Serflex, je monte derrière avec eux, Maxime demande à Petit Père de dire où sont les affaires, Petit Père répète qu'il s'est fait braquer. Je leur donne des coups. »

La présidente ne comprend pas pourquoi ils ont enlevé Maxime aussi : « À ce moment-là, il faut se poser les bonnes questions... Avant de faire n'importe quoi, il faut réfléchir dans la vie ! »

Bouba assure que c'est Raldo qui lui remet les clés de l'appartement, il traînait en bas de chez lui, il savait que sa copine n'était pas là. « Je lui demande si l'appartement est disponible, pour pas longtemps, il doit se dire que c'est pour déposer de la drogue », suggère Bouba qui met de fait Raldo hors de cause dans l'entreprise de séquestration. Non, ils n'ont pas eu peur de se faire remarquer dans la cité, avec deux gars saucissonnés descendus de force d'une fourgonnette et montés de force toujours dans les étages au cœur de la cité des 3000.

Aux mêmes questions les mêmes réponses qu'à Bobigny : Bouba met un coup de poing, les lumières de l'appartement sont éteintes. Bouba se balance toujours, debout dans le box, du haut de son 1,90 mètre.

La présidente : « L'idée de les brûler, qui l'a eue en premier ? »

Bouba : « Y a eu l'idée... »

La présidente : « Avec quel objet ? »

Bouba : « Un couteau chauffé au gaz. »

La présidente : « Au point de brûler les parties génitales ? »

Bouba : « J'ai fait du mal mais je ne suis pas quelqu'un qui humilie les gens. C'était dans le noir... »

La présidente : « Qu'est-ce que vous espériez ? Des aveux ? Il a pu être braqué... »

Bouba : « Ça ne collait pas avec l'itinéraire... »

Aucun film de torture n'a été diffusé dans l'appartement, assure Bouba, c'était juste la télé, le volume à fond.

La présidente : « Quelle était votre intention finale, vous vouliez aller jusqu'où ? »

Bouba : « Je suis sorti. Je suis rentré chez moi. Ma copine était sans nouvelles de moi depuis quatre jours. Moi, j'avais l'intention de les libérer, faut les libérer. L'argent, j'en ai rien à foutre, quand on a su qu'il n'y aurait rien à en tirer. »

Chouk serait arrivé après. Il connaissait Maxime et Petit Père, il leur parlerait, c'était un « dernier recours ». Bouba avait des tonnes de reproches à faire à Chouk, il lui devait de l'argent, il l'avait laissé tomber en Espagne, seul, sans un sou, mais sur les violences, Chouk n'a rien à voir « ni de près ni de loin », répète Bouba.

Le tortionnaire qui prenait du plaisir à faire mal, ce n'est pas lui, les noyades dans la baignoire, non plus. Les deux dents que Petit Père a avalées sous la violence des coups, d'accord, c'est sans doute lui.

Devant le juge d'instruction, il a laissé entendre qu'il dirait tout.

« Vous dites les mêmes choses aujourd'hui, lui fait remarquer la présidente.

— Sur ma responsabilité, mon implication, j'ai tout dit.

— Avec le recul, comment en êtes-vous arrivé là ? Cela fait presque six ans...

— Il y a des choses que je n'arrive même pas à affronter. »

Pénélope est impliquée dans le vol de la drogue, il en est certain. Il a des « preuves qu'il ne peut pas évoquer ici ». Menteuse, manipulatrice hystérique, femme trahie capable de tout... Et introuvable. La police municipale de Neuilly-sur-Seine, où elle est officiellement domiciliée, a pourtant frappé chez elle, mais personne n'a répondu, et les volets sont fermés. Le jury doit se passer d'elle.

L'avocat général se demande pourquoi Bouba a fait appel de sa condamnation à Bobigny, puisqu'il admet sa participation aux faits.

« Je ne contestais pas ma peine, je cherchais juste une lueur d'espoir pour me projeter. J'ai une famille, une vie sociale », répond l'accusé.

Balancer les autres ? « Je veux être loyal, je ne peux pas arriver comme ça, je peux pas. Je voulais juste récupérer la drogue, je ne veux pas regarder les photos, je peux pas… » Loyal envers qui ?

En Seine-Saint-Denis, il se dit que, même pour éviter vingt ans de prison, on ne parle pas. Ça se règle dehors ou plus tard.

« La justice attend qu'on assume ses responsabilités et elle doit en tenir compte », plaide l'avocate de Bouba, Morgane Le Hir. « Il ne cherche pas à se donner le beau rôle, il arrive devant vous comme il est, en jogging. Il ne se cherche pas d'excuses, plus il parle de lui, plus il pense que c'est indécent. Il faut du courage pour reconnaître. Depuis le départ, il assume tout, tout seul. Il peut en être fier. C'est ça, être un homme. » Et, pour l'avocate, ça ne vaut pas quatorze ans de prison. Quatorze ans, c'est la peine à laquelle Bouba a été condamné à Bobigny, et ce que réclame encore le parquet général.

« Acquittez-le ! »

De Bobigny à Paris, les lignes de défense ont peu bougé. Docteur a admis être un dealeur mais pas un tortionnaire puisqu'il jure de ne pas avoir participé à la séquestration. Afif ne comprend pas ce qu'il fait dans une histoire aussi grave. Chouk, qui était prêt à purger la peine prononcée contre lui à Bobigny – il n'a pas fait appel –, maintient qu'il était le libérateur. Et on ne sait toujours pas qui est Polo. Raldo, en retard le matin des réquisitions, recommence à agacer la présidente. Quand il entend l'avocat général réclamer contre lui quinze ans de réclusion, il penche la tête et la prend à pleines mains.

C'est la plus lourde peine demandée. L'avocat général a requis dix ans de prison contre Docteur, douze contre Chouk, quatorze contre Bouba et quinze contre Afif et Raldo, « une équipe soudée, dit-il, autour d'un projet commun, lucratif: du trafic de stupéfiants ». Trois ans avec sursis sont requis contre la locataire.

Les avocats de la défense s'avancent à la barre, à tour de rôle, pour inverser cette partie de bras de fer mal commencée pour eux. « Acquittez-le ! » crie Jean-Christophe Tymoczko, au sujet de Raldo. Une reconnaissance vocale, c'est léger pour être condamné, même quand on a un profil comme lui, de « voleur, menteur, violent ». Petit Père a pu se tromper. « Je vous en conjure, vous devez nous délivrer de cette chape, qui consiste à vous faire croire que ces acquittements ont été volés, achetés, salis ! » Habile pour manier les comparaisons qui parlent à tous, l'avocat explique que Raldo a pu prêter l'appartement, comme on prêterait sa voiture, sans savoir comment le conducteur va se comporter au volant.

Acquittement réclamé aussi pour l'ex petite amie

de Raldo. « N'oubliez pas la présomption d'innocence », rappelle Jérôme Karsenti, le nouvel avocat de la locataire, qui trouve les jurés trop loin, derrière leurs masques. « Les écoutes ne disent que sa peur, son angoisse de la prison. Elle n'a rien vu, n'est pas venue, n'a rien su, plaide-t-il. La vérité ? Vous ne l'aurez jamais. »

Acquittement réclamé, toujours, par Chloé Arnoux, qui compte bien confirmer le verdict de Bobigny un an plus tôt. Elle ne pense pas que Petit Père mente, quand il assure que Docteur a participé à son enlèvement. Il a pu se tromper, « cela faisait plus de quarante heures qu'il n'avait pas dormi », elle met en garde contre « les pièges de la mémoire ».

Acquittement plaidé encore pour Afif à deux voix, par Mes Saidi-Cottier et Breham. « On ne condamne pas à quinze ans sur des approximations, quand on n'est pas sûr il faut avoir le courage d'acquitter. » « Vous y croyez vraiment, vous, à un parrain qui fait ses courses chez Lidl ? » demande la défense aux jurés. « Ce n'est pas moi, sincèrement, messieurs, je ne vous ai rien fait, ce n'est pas à moi de payer », déclare leur client.

L'enjeu est plus lourd qu'à Bobigny : il n'y a plus d'appel possible. Même si le résultat du premier procès est entaché de doute, il n'a pas été annulé. La procédure a suivi son cours. Pour les accusés rejugés, c'est le dernier recours. Après, il ne reste que la Cour de cassation, mais uniquement pour dénoncer une violation de la loi, un vice de procédure.

Le verdict ne transpire pas, cette fois. Après douze heures de délibéré, autant qu'à Bobigny, la sonnerie retentit. Tout le monde réajuste son masque. L'ex-petite amie retrouve un large sourire. Raldo et elle sont acquittés.

Bouba est condamné à treize ans de réclusion, un an de moins qu'à Bobigny.

Pour tous les autres, c'est le coup de massue : douze ans de réclusion sont prononcés contre Chouk, soit cinq ans de plus qu'à Bobigny. Neuf ans contre Docteur et quinze contre Afif, qui avaient tous deux été acquittés. Chouk, Docteur et Afif sont condamnés en état de récidive, cela veut dire que leurs précédentes condamnations, en Italie comme en France, ont alourdi le nombre d'années de prison prononcé contre eux.

La cour, par huit voix au moins, a estimé qu'ils étaient tous les quatre partie prenante dans cette séquestration ultraviolente en bande organisée : Bouba et Afif pour l'ensemble des faits, Chouk pour avoir donné des instructions en vue de l'enlèvement et avoir participé à la séquestration accompagnée d'actes de torture ou de barbarie. Docteur, enfin, pour l'enlèvement de Petit Père et Maxime, mais aussi parce qu'il n'a rien fait pour empêcher la séquestration dont il avait connaissance. Le jury parisien n'a pas eu la même appréciation des faits que le jury de Bobigny.

Pas un bruit dans la salle. Petit Père n'a pu arriver à temps pour entendre la cour. Il a appris le verdict plus tard. « Je suis apaisé, je suis libre, réagit-il le lendemain. C'est la première fois depuis six ans que je me lève comme ça le matin. Je suis vidé. Enfin, la justice m'a rendu ma dignité. Du côté de mes enfants, je ne passe plus pour un menteur. » Il est toujours convaincu que Polo fait partie des condamnés.

« Nous sommes abasourdis, nous ne comprenons pas cette décision, qui pourrait ? » réagissent les défenseurs d'Afif. Avec ce sentiment d'avoir été privés d'un degré de juridiction, comme s'il n'y avait pas vraiment eu deux procès équitables. « À Paris, on l'a fait passer pour quelqu'un qui intimidait, alors qu'il n'a pas été renvoyé pour l'intimidation de juré et on a attendu la fin du délai du pourvoi en cassation pour l'entendre dans l'affaire des jurés », commente plus tard Me Noémie Saidi-Cottier. Aucun pourvoi en cassation n'a été formé. Sa condamnation est définitive.

30 JUIN 2020, BOBIGNY

« NON, je ne leur ai rien demandé et je ne sais même pas qui a eu l'initiative, je regrette qu'ils l'aient fait car cette histoire m'a causé du tort. » Afif est de retour à Bobigny. La PJ l'entend sur l'affaire des jurés, l'enquête sur la fuite de verdict est toujours en cours.

Afif dort en prison depuis dix jours, condamné à quinze ans de réclusion criminelle pour l'ensemble des faits subis par Petit Père et Maxime.

Ce n'est pas le seul à être interrogé dans le cadre

de cette enquête. Tous les accusés de l'affaire sont questionnés, qu'ils aient été acquittés ou non, même Maxime est entendu. Des détenus ont été extraits de leur prison, les policiers se sont déplacés pour voir les autres.

Aucune révélation ne ressort de cette nouvelle vague d'interrogatoires. De manière générale, ils n'ont pas été surpris par les acquittements prononcés à Bobigny, la corruption de juré leur semble peu réaliste.

Certains avaient appris le verdict par la salle avant le retour de la cour, mais pas tous. Pas Afif, en tout cas. Il assure qu'il ne connaissait personne parmi les jurés, titulaires comme suppléants.

« C'était très, très long, il y a eu treize heures de délibéré. J'étais dans la souricière en bas pendant les treize heures. Nous n'avons pas longtemps attendu dans le box avant que le président et la cour ne se présentent », explique-t-il aux policiers.

« Je n'ai jamais rien demandé à qui que ce soit hormis faire des prières. » Qu'on prétende que lui et Raldo se trouvaient dans une chicha au moment de la séquestration lui semble hautement improbable, ils ne se connaissaient pas. Docteur, passe encore, mais pas Raldo.

« De toute façon, moi, je ne savais pas où j'étais le jour des faits, je ne sais pas pourquoi ils parlent de cette chicha », indique encore Afif. Il est plus que circonspect sur le pouvoir de persuasion d'un juré sur les autres : « À un jour du verdict, il n'a pas fait quelque chose de magique. »

« Approcher un juré n'aurait rien changé », estime, sûr de lui, l'ancien beau-frère d'Afif, l'homme au costume et aux cheveux gominés, que tout le monde avait repéré, très à l'aise, parlant aussi bien avec le public qu'aux avocats.

Si à l'aise que des jurés l'ont pris pour un avocat. Ce quadragénaire est en réalité directeur d'une agence de promotion immobilière, vivant à Aulnay-sous-Bois, avec un salaire confortable. Sa fonction lui offrait suffisamment de souplesse pour assister à ce procès presque tous les jours. C'est son ex-femme et mère de leurs enfants, qui lui aurait demandé d'assister au procès. « Elle m'a demandé d'y aller pour voir comment ça se passait », répond-il à la capitaine de police. Le nouveau mari, un homme qu'il décrit violent, avait promis de « foutre le bordel au procès ». C'est avec lui qu'il s'est battu, un jour, sur le parvis du tribunal, les policiers ont dû les séparer.

L'acquittement d'Afif, son ex-beau-frère, était pour lui une évidence. « Pour moi, il n'y avait pas de preuves tangibles contre lui, en plus Bouba le dédouanait. Le fait d'approcher le juré n'aurait rien changé. En plus, s'ils l'ont fait, c'est simplement parce que Afif est leur ami », dit-il au sujet de Razmo et de Butch. « C'est compréhensible d'avoir essayé de parler avec le juré s'ils l'ont reconnu, pour leur ami. Mais je ne pense pas qu'il y ait eu de corruption. »

Quant aux vidéos, où on l'aperçoit très proche des jurés, « il y a peut-être eu des échanges de regard mais en aucun cas je ne leur ai parlé ou c'était naturel, j'ai pu dire bonjour comme je le faisais avec les magistrats ou les avocats ». Il a été très étonné que jurés et public empruntent les mêmes accès. « Je trouvais bizarre qu'ils rentrent et sortent comme nous. Franchement, vous êtes juré, vous êtes obligé de le faire, je pensais que vous étiez plus protégé là-dessus. » Et pour finir, non, ce n'est pas lui qui a répandu le verdict dans la salle, ce soir de février.

Reste une question sans réponse : pourquoi Razmo et Butch, amis d'enfance, sont-ils allés à la rencontre d'un juré pour dédouaner Afif ?

Razmo, Butch et le petit mec du 13 à la barre

La boucle est presque bouclée. Deux ans après la fuite du verdict, Djo, Razmo et Butch ont rendez-vous avec la justice en cette fin de printemps 2021. Devant la treizième chambre correctionnelle, cette même chambre qui a jugé Petit Père et les autres pour le trafic de stupéfiants, trois ans plus tôt.

Dans la salle des pas perdus du tribunal de Bobigny, la rumeur court que le parquet de Bobigny « va taper fort ». Agathe Grenouillet, l'avocate de Djo, a « peur que l'on fasse le procès de la justice en Seine-Saint-Denis, comme si le 93 était une zone de non-droit ». La défense redoute un procès pour l'exemple, un plaidoyer contre les jurys populaires, déjà écartés des cours criminelles créées par la loi du 23 mars

2019. « Cette affaire est un cheval de Troie pour créer un opportun précédent et raviver le débat autour de la mise à l'écart des jurés populaires dans les affaires de criminalité organisée », redoute l'avocat de Razmo, Raphaël Chiche.

Les cours criminelles sont expérimentées depuis fin 2019 pour juger tous les crimes passibles de quinze à vingt ans de réclusion criminelle – les viols, les coups mortels, les vols à main armée, le proxénétisme… –, lorsqu'ils sont commis par des majeurs, et pas en état de récidive légale. Composées exclusivement de cinq magistrats, sans jurés, ces cours départementales, généralisées à partir du 1er janvier 2023 sont censées offrir une réponse judiciaire plus rapide, plus efficace, et désengorger les stocks.

L'avocate de Djo est convaincue que des affaires comme celle-ci ne sont pas l'apanage de Bobigny. « Un juré a été récusé en plein procès, trois semaines plus tôt à Nanterre, parce qu'il avait été aperçu en train de discuter avec l'accusé », explique-t-elle.

Le procès est attendu. Les acteurs de la première affaire sont aux aguets, mais aucun n'est venu à l'audience. Petit Père non plus. Il n'a pas été averti.

Les trois prévenus sont à l'heure, attendus par une demi-douzaine de journalistes. Les médias ont déjà pris place parmi le public sur les bancs de bois. Un siège sur deux seulement, Covid oblige, là encore. Djo arrive en jean et tee-shirt noir, cheveux ras, fine barbe. Il fait profil bas. Il se serait bien passé d'être sous le feu des médias. Finalement, le port obligatoire du masque a l'avantage de pouvoir se cacher un peu. À cause de l'affaire, il a raté un CDI et s'est brouillé avec sa famille qui lui « reproche d'avoir fait n'importe quoi ». Il vient tout juste de se marier. La cérémonie a eu lieu trois jours plus tôt. Il pouvait rêver mieux comme voyage de noces.

Le binôme Razmo-Butch entre d'un même pas, priant un photographe de ne pas lui tirer le portrait. Razmo, silhouette longiligne, la tête rentrée, lunettes ajustées au-dessus du masque. Butch, dont la volumineuse barbe rousse déborde du tissu, porte un treillis large serré au-dessus des chevilles. Le public est bien moins nombreux qu'aux assises, deux ans plus tôt. Pas de comité de soutien non plus, l'ambiance est paisible. Des policiers veillent.

Après avoir résumé les faits à la vitesse de l'éclair, le président du tribunal, Philippe Descoubes, attaque dans le vif, il appelle Djo à la barre :

« Vous avez été tiré deux fois au sort, deux fois vous avez prêté serment de ne communiquer avec personne. »

Le magistrat relit même l'article du code de procédure pénale qui fait promettre aux citoyens de « n'écouter ni la haine ou la méchanceté, ni la crainte ou l'affection », « le doute doit profiter à l'accusé » et il y a lieu de « conserver le secret des délibérations, même après la cessation des fonctions » de juré.

« Qu'est-ce qui n'est pas clair dans cette formule ? » demande le président.

Face au silence de l'ancien juré, le président répète

sa question. « C'est clair », répond Djo, l'air penaud, presque enfantin.

« Pourquoi on vous surnomme le petit du 13 ?

— Probablement parce que je suis plus jeune qu'eux, le 13, c'est là où j'habite. »

Onze ans d'écart entre Djo et les deux autres prévenus. C'est une brèche pour l'accusation. L'enquête n'a pas permis de prouver l'existence de menace ni de corruption, pas de remise d'argent avérée non plus, mais l'intimidation, ça se discute. Et une telle différence d'âge, justement, cela peut intimider.

On arrive à l'épisode de la chicha, quand le serveur dit à Djo que quelqu'un l'attend dehors, Razmo et Butch dans la voiture pendant trois heures, quand même, c'est long, ils ont eu le temps de parler…

Debout à la barre, Djo répond doucement :

« Ils voulaient prendre la température, savoir comment ça se passait, ce que les jurés pensaient et quelle peine les accusés pouvaient encourir. On a parlé de l'ambiance des débats. »

Tant pis pour son serment de juré. Rapporter cette rencontre au président de la cour d'assises le lendemain, c'était forcément s'exposer au regard du quartier. Et puis, après tout, il n'était que suppléant, il ne votait pas, alors, à quoi bon faire du remue-ménage autour de ça ?

« Je ne voulais pas qu'on sache que j'étais juré, explique-t-il. Il y avait des rumeurs et je ne voulais pas qu'on vienne me voir. »

Le procureur, Adrien Luneau, trouve Djo « un peu stressé », il s'adresse à lui très calmement :

« Est-ce qu'ils voulaient que vous influenciez les autres jurés ?

— Pour moi, c'est pas... non...

— En affirmant l'innocence d'Afif et de Docteur, est-ce qu'ils cherchent à vous convaincre ?

— Ça me soulageait, j'avais déjà entendu parler de l'affaire auparavant, un an avant, et que ces deux-là n'avaient rien à faire là.

— Est-ce que l'un d'eux avait envie que vous en parliez autour de vous ?

— Bien sûr. »

Les avocats de Razmo et de Butch enchaînent :

« Étiez-vous sous pression, intimidé ? demande Me Chiche, l'avocat de Razmo.

— Non.

— Ils sont plus âgés que vous, vous étiez dans l'obligation de leur répondre ?

— Un petit peu... Pour moi, c'est comme ça. On va pas se mentir, on a plus de mal à partir.

— Il y a une impossibilité de mettre un terme à la discussion, mais si je comprends bien, ce qu'ils vous ont dit n'a pas fait dévier la pensée qui était la vôtre ?

— Non.

— Ça ne change pas votre avis, mais ça vous conforte ?

— Oui.

— Et si vous n'aviez rien dit ? demande l'avocat de Butch, Me Gallochat.

— Ils ne m'auraient pas retenu. »

« Je n'étais pas insistant! se défend encore Djo, interrogé sur son intervention au sujet d'Afif auprès des autres jurés. J'étais juste convaincu de son innocence, avec les éléments que j'avais, comme j'avais entendu parler de cette affaire un an avant. »

Razmo et Butch invoquent toujours la curiosité.

« C'était uniquement à titre d'information, pour savoir ce qui allait arriver à mes amis, qu'est-ce qu'il se dit, qu'est-ce qu'ils risquent? » explique Butch, qui apparaît nerveux à la barre. Le son sature, il est obligé de s'éloigner du micro pour que ses réponses soient audibles.

« Je suis allé deux fois au procès, et une troisième fois au verdict, pour voir mes amis [*Docteur et Afif*]. » Il a alors reconnu Djo parmi les jurés: « Ça m'a fait un choc de le voir ici. Je l'ai contacté à titre informatif par quelqu'un qui avait son Snap, le petit frère du serveur de la chicha. »

Razmo confirme: « Sincèrement, je vous le jure, monsieur le président, c'était par curiosité, par commérage. C'est des potes, on a tous déménagé mais voilà. Je lui ai pas dit de dire [*qu'ils étaient innocents*] mais qu'il le partage. Lui aussi connaissait l'histoire et était persuadé qu'ils n'avaient rien à voir. »

Pourquoi aller voir Djo précisément et pas un autre juré? « S'il n'était pas du quartier, ça ne se serait jamais passé », selon Razmo.

Quelques écoutes sont relues par bribes: « Ils vont prendre moins si Dieu veut. – Butch il m'a dit, il y a un petit juré, c'est un mec du 13. – On l'a chopé moi et Butch. – Ah ouais, putain, ils ont de la chatte sur ce coup-là. – Ouais ! Bref, je t'expliquerai après. »

« Qu'est-ce que vous vouliez lui expliquer après ? demande le procureur à Razmo.

— Sincèrement, je sais pas. C'est mon langage ! Sincèrement, on disait n'importe quoi. Au téléphone je disais tout et n'importe quoi, ces écoutes, c'est vraiment du n'importe quoi. Je voulais me faire passer pour quelqu'un que je ne suis pas. Je vous jure sur ma tête… »

Une juge assesseure l'interrompt : « On ne va peut-être pas jurer, on a vu ce que ça peut donner ! »

Pour Razmo, discuter avec un juré en plein procès, « c'est comme quand on lit les articles du *Parisien*, c'est pour s'informer ». Le tribunal tousse : « Il y a une différence avec aller chercher des informations auprès d'un juré. »

Le procureur ressort cette écoute où il est question de la Chèvre, d'un billet glissé pour changer de version devant la juge : « Comme moi une fois, tu te rappelles pas à l'époque ? À l'époque, avec le Renoi, là ? […] Ils ont attrapé heu... la Chèvre […] Tarek et Butch ! »

Réponse laconique de Butch : « Si j'ai eu des soucis dans une procédure, alors il faut mettre une grande distance avec cette personne-là. » Butch ne dit rien de plus. Au tribunal de se débrouiller avec cette réponse.

On en vient à la divulgation du verdict, le 7 février. « J'étais persuadé qu'ils confisquaient les téléphones, vous les conserviez sur vous ? s'étonne le président.

— Bien sûr », répond Djo.

Butch raconte : « J'ai juste envoyé un message à Djo pour savoir comment ça se passait. Il m'envoie les résultats sur Snap, j'ai deux, trois amis à côté et ça part en vrille, tout le monde a eu le résultat. »

Toute la salle, le public, les avocats, l'avocate générale… avant même le retour de la cour. Vingt minutes trop tôt.

Le procureur les interroge sur l'accolade après le verdict, visible sur la vidéo du tribunal. Il en déduit « une forme d'excitation ». Il n'y a pas de son pour en avoir le cœur net, et les images ne sont pas diffusées à l'audience.

Les trois ont dîné ensemble, avec Sam, le copain de Djo, chacun payant sa part, ils répètent ce qu'ils ont déjà dit en garde à vue et devant la juge d'instruction.

« Vous avez discuté de quoi ? demande le président.

— Ils étaient contents pour leurs amis, dit Djo. On a parlé du délibéré. Jusqu'au vote, les jurés ne savaient pas quoi mettre dans l'urne. Ils étaient dans le doute, il y a eu beaucoup de discussions, chacun a donné son avis. »

Aurélien Gallochat, l'avocat de Butch, l'interroge à son tour : « Et quand le président de la cour d'assises tape du poing sur la table pour protester contre les votes d'acquittement des jurés, n'est-ce pas de l'intimidation ? »

Le tribunal ne laisse pas à Djo le temps de répondre, ce n'est pas l'objet du procès.

Ce dîner entre les trois prévenus était le premier et le dernier. À la lecture des articles de presse successifs sur les développements de l'enquête pour corruption, l'angoisse est montée d'un cran. L'historique des échanges WhatsApp est effacé. Les policiers ont tout de même trouvé trace d'un message vocal de Butch disant : « Djo, ça va ou quoi ? T'as pu voir les autres personnes ou pas ? »

« Aujourd'hui, vous pensez quoi de tout ça ? l'interroge le président.

— J'ai des regrets, de ce que j'ai pu causer comme dégâts à la justice. Je n'aurais pas dû. Je suis conscient. »

Les trois prévenus présentent leurs excuses. Butch en adresse aussi à Djo : « J'ai bouleversé sa vie. »

Le procureur se lève pour les réquisitions. « C'est une affaire hors norme qui a causé un trouble dans le monde de la justice, du tribunal, des justiciables et des citoyens. Vous allez devoir dire aux jurés en Seine-Saint-Denis : vous êtes protégés par la justice, qu'elle est là pour sanctionner les comportements d'approche. »

Il prévient qu'il va réclamer des peines lourdes. Mais il a aussi averti au début de l'audience qu'il visait finalement la qualification d'intimidation envers un juré, ce qui abaisse la peine encourue de dix à trois ans de prison.

« L'enquête n'a pas permis de démontrer les soupçons de corruption, mais l'acte d'intimidation est là, reprend le procureur. Leur intervention avait un but, que le juré diffuse la bonne parole, poursuit le procureur. On le fait sortir de la chicha pour qu'il vienne participer à la discussion, à huis clos dans la voiture, le comportement de Djo va être modifié, avec une volonté plus forte de convaincre les autres, il devient insistant. De cette différence d'âge découle un profond respect, il se sent obligé de rester et de les écouter, il ne veut pas que son statut de juré s'ébruite. Bien sûr qu'il est intimidé. Ces deux-là n'avaient absolument pas besoin de le menacer. Il fallait l'approcher, qu'il puisse être convaincu de prêcher la bonne parole. Sinon pourquoi venir à deux ? Ma conviction, c'est qu'on a voulu créer une ambiance particulière. » Le parallèle est fait avec des affaires d'intimidation en Corse, les proches d'un ancien parrain avaient été surpris devant le domicile d'un juré.

Pour l'accusation, les questions insistantes du binôme de trentenaires ont suffi pour que Djo comprenne, voire qu'il soit convaincu qu'Afif était innocent. Ils n'avaient pas besoin de lui promettre grand-chose.

Le procureur réclame six mois de prison avec sursis contre Djo, et deux ans de prison contre Razmo et Butch, avec l'interdiction pour tous d'exercer leurs droits civiques pendant une durée de cinq ans.

Avant même de plaider, les avocats de la défense ont presque l'air soulagé par ces réquisitions. Agathe Grenouillet insiste : « Djo n'a eu aucun impact sur la décision finale. On juge ici un homme qui n'a pas pris la mesure de ce qu'il faisait, qui aurait dû mettre un stop, mais qui ne l'a pas fait car il a peur des regards, de balancer ces deux-là, qui ne voulaient pas de mal. » Des travaux d'intérêt général auraient plus de sens à ses yeux, pour réparer le préjudice causé à la société.

« Si on avait estimé que le verdict était acheté, corrompu, on avait l'outil, il fallait suspendre le procès et demander un complément d'information », estime l'avocat de Razmo. Pour lui, « on n'est pas en Corse ici ! ». « Ici, la frontière a été passée au nom d'une proximité, d'un entregent de voisinage, plus par voyeurisme ou curiosité extrêmement mal placée. Moralement, d'un point de vue civique, ça doit être blâmé mais la leçon a été entendue. La justice sortirait grandie de montrer qu'elle fait la part des choses. »

Son confrère plaide la relaxe pour Butch.

Le tribunal se retire pour délibérer. Puis revient et prononce un jugement conforme aux réquisitions, sauf pour Djo, condamné à dix mois de prison avec sursis et non pas six, stage de citoyenneté en prime. Le tribunal a reconnu l'intimidation, « dès lors que ces rencontres ne sont pas convenues avec Djo, la première dans le huis clos d'une voiture nuitamment pendant plusieurs heures pour prendre fin après deux heures du matin [...] avec l'objectif de partager avec lui la conviction que certains accusés étaient innocents et d'obtenir des informations sur le fruit de la réflexion de la cour et des jurés ».

Le tribunal développe : « Ils ont conforté son opinion sur la non-culpabilité de certains accusés et il admet, dans la procédure, avoir partagé cette opinion après ces rencontres. »

Ce n'est plus à lui de parler, mais Razmo, décidément bavard, intervient : « Désolé de ce qui s'est passé, sincèrement. Merci ! » Il quitte ensuite le tribunal, libre. On ne compte plus le nombre de fois où il a utilisé l'adverbe « sincèrement ». Butch était venu avec quelques vêtements dans un sac, au cas où il lui faudrait retourner en prison. Djo est visiblement soulagé que ses coprévenus ne retournent pas en cellule.

La peine de deux années de détention étant aménageable, Butch peut retrouver femme et enfants, reprendre son projet de commerce dans les cosmétiques, et Razmo le chemin de son garage.

Le jugement est consensuel, puisque personne n'a fait appel, ni le parquet ni la défense. « Les deux jours d'audience ont permis de dégonfler le fantasme, les magistrats ne se sont pas laissé embarquer par la médiatisation, analyse Me Grenouillet. C'est la montagne qui accouche d'une souris. » Pour Aurélien Gallochat, l'affaire a fait « pschitt ».

Le prix des tortures et de la liberté

Combien valent des tortures ? La page n'est pas complètement tournée pour Petit Père et Maxime. Sept ans après leur séquestration et trois procès plus tard, la question des indemnisations est toujours en cours. En France, il existe un fonds de garantie pour les victimes. Ce fonds est né en 1986 pour indemniser les victimes de terrorisme, après la vague d'attentats des années 80, et s'est étendu ensuite aux infractions de droit commun, meurtre, viol, agression sexuelle, violence conjugale…

Pour Petit Père et Maxime, la question aurait dû être tranchée lors de la fameuse audience sur intérêts civils au soir du 7 février 2019, finalement renvoyée. Le sujet revient à Bobigny, deux ans plus tard, une semaine après les condamnations de Djo, Razmo et Butch.

« Nous nous retrouvons dans une configuration particulière », admet Franck Zientara, le magistrat qui préside cette audience à Bobigny, dans la salle des assises. Pas de public dans la salle, les audiences civiles n'intéressent pas grand monde. Seuls les avocats sont présents. Ce jour-là, les victimes ne sont pas là, mais la mère de Petit Père a fait le déplacement. Les personnes redevables sont les condamnés de la cour d'appel de Paris : Chouk, Bouba, Afif et Docteur, représentés par leurs avocats.

« Comment la juridiction qui l'a acquitté [*c'est-à-dire Bobigny*] peut statuer aujourd'hui ? » interpelle le conseil de Docteur qui avait bien été acquitté en Seine-Saint-Denis. La défense de Chouk trouve « paradoxal de le condamner à indemniser les victimes pour des violences qu'il n'a pas exercées ». Le casse-tête continue.

Finalement, la cour s'en débrouille et décide de

condamner les quatre accusés à payer solidairement un peu plus de 26 000 € à Petit Père et 21 000 € à Maxime. Souffrances endurées, préjudice esthétique, fonctionnel, sexuel… tout est scruté de près, et fait l'objet d'une expertise, les montants demandés par les victimes revus largement à la baisse, voire écartés. Pas d'indemnisation pour les enfants et la famille de Petit Père qui ne se sont pas constitués partie civile.

« C'est une honte ! » réagit Petit Père qui chiffrait le préjudice subi à un million d'euros, « pour ses enfants au moins ». « C'est comme si on disait, allez-y, vous pouvez continuer à torturer et à séquestrer, le message envoyé n'est pas très dissuasif », peste-t-il en promettant de faire appel.

Sauf qu'un trafiquant, même torturé, n'est pas une victime ordinaire. C'est ce que laisse entendre la Commission d'indemnisation des victimes d'infractions, la Civi, relais du fonds de garantie, que Petit Père avait saisie pour obtenir une provision d'indemnisation quelques mois auparavant. « Il apparaît que le comportement de la victime, en particulier son implication dans un trafic de stupéfiants, puisse avoir un lien direct avec le préjudice qu'il a subi. »

Petit Père a une lettre toute prête à l'intention du gouvernement pour expliquer sa sidération. Il attend les élections de 2022 et l'installation du nouveau gouvernement pour l'envoyer. Le chapitre n'est pas clos non plus pour Maxime dont l'avocat, Me François-Jacquemin, a également saisi la Civi.

En attendant, la justice a déjà tranché sur le prix de

la liberté : 57 000 € ont été accordés à Raldo, 29 ans à l'époque de son arrestation, pour les 854 jours passés en prison. La cour d'assises en appel à Paris avait estimé, comme à Bobigny, qu'il n'était pas impliqué dans l'enlèvement, ni la séquestration, ni les actes de torture ou de barbarie.

Et tout détenu définitivement blanchi par la justice peut demander une indemnisation pour la privation de liberté indue. Le montant accordé n'est pas automatique. Il se décide à la cour d'appel, dans une toute petite salle d'une quinzaine de places, en haut d'un escalier, après un dédale de couloirs. Cet après-midi d'octobre 2021, salle Lamoignon, Raldo n'est pas là. Hannelore Cayre, avocate et compagne de Jean-Christophe Tymoczko, plaide sa cause.

L'audience ressemble à un marchandage poli, visant à faire bouger le curseur du montant des indemnités vers le haut, du côté des accusés blanchis, et vers le bas pour l'agent judiciaire de l'État. La situation personnelle du prisonnier au moment de son incarcération et les conséquences sur sa vie privée et professionnelle pèsent dans la balance. Si le détenu n'a ni travail ni enfant au moment de son emprisonnement, son indemnisation sera moindre. Un casier judiciaire réduit aussi le montant consenti. Raldo ayant déjà séjourné cinq fois en prison avant l'affaire, l'avocate générale estime que « le choc carcéral a été amoindri ». « Il ne faut pas raisonner en termes de jours, au fil de la détention, la pénibilité ressentie est parfois moindre », renchérit l'avocate de l'agent judiciaire de l'État qui à la fin signe le chèque.

« Je veux bien qu'on évoque des considérations économiques, qu'on dise qu'il s'agit de l'argent du contribuable, mais qu'on ne dise pas que plus c'est long moins c'est difficile », défend Hannelore Cayre, qui réclamait 128 000 € pour le préjudice moral de Raldo.

« Âgé de 29 ans, il avait déjà été plusieurs fois condamné et détenu à cinq reprises, d'où un choc carcéral nécessairement amoindri, néanmoins réel, estime la cour d'appel. Même s'il a pu en détention suivre des cours et recevoir des visites de sa famille, il est resté en prison pendant une période très longue où il a été tenu à l'écart de sa vie familiale et relationnelle habituelle. » Montant de l'indemnisation accordée : 57 000 € pour le préjudice moral, auxquels s'ajoutent 3 100 € pour le préjudice matériel. Les avocats de Raldo avaient demandé sa libération à dix reprises avant l'ouverture du procès à Bobigny.

Le « Titanic » et la loi

À Bobigny, l'affaire laisse un goût amer. La conviction que le cours des choses aurait pu être différent. « Cette affaire, c'est le *Titanic*, on voit l'iceberg, mais on continue à avancer en se disant "ça va passer" et l'orchestre continue à jouer », commente Florian

François-Jacquemin, l'avocat de Maxime. L'iceberg, ce sont ces écoutes qui ont éveillé les soupçons de corruption alors que le procès aux assises n'était pas terminé. « Cette affaire illustre la faillite de la magistrature et non celle du département, ou de ses habitants, développe l'avocat. Ce qui a entraîné cela, c'est l'esprit comptable de la justice. On réfléchit en gestionnaire, le procès a déjà été renvoyé une fois faute de jurés, le calendrier est chargé et, s'il est renvoyé une seconde fois, cela impliquerait des remises en liberté des accusés, alors on va jusqu'au bout. » Me Tymoczko enfonce le clou : « À un moment, le président devait tout arrêter et il n'arrête rien. Le paquebot met 3 kilomètres à s'arrêter. »

Arrêter un procès d'assises en cours de route ? Cela s'est déjà produit à Bobigny, justement, pour le procès de Georges Tron en 2017. L'ancien secrétaire d'État (LR) et une ancienne adjointe à la mairie de Draveil, dans l'Essonne, y étaient jugés pour viol et agressions sexuelles en réunion. Georges Tron étant une « personnalité locale » dans l'Essonne, le procès avait été dépaysé à Bobigny. Mais une semaine après l'ouverture des débats, la sérénité avait volé en éclats. Le président de la cour d'assises, Régis de Jorna, avait décidé de renvoyer le procès.

La diffusion pendant le procès d'un reportage d'*Envoyé spécial* donnant la parole à une plaignante et à un témoin qui n'avait pas encore été entendu à la barre et la révélation à l'audience de propos tenus en confidence par le président de la cour ont provoqué ce report. Le magistrat, dont l'impartialité était attaquée sur les réseaux sociaux, s'était demandé s'il n'aurait pas mieux valu que ce procès soit présidé par une femme. Réflexion à voix haute auprès des avocats, en aparté, sous la foi du palais – règlement implicite garantissant le secret des échanges entre avocats et magistrats. Propos rendus publics par Éric Dupond-Moretti qui assurait alors la défense de Georges Tron. Le procès a été reprogrammé dix mois plus tard, en octobre 2018, à Bobigny sur quatre semaines au lieu de deux, pour entendre une soixantaine de personnes. Les deux accusés ont été acquittés, puis condamnés en appel à Paris, en 2021, à cinq ans de prison dont trois ferme pour l'ancien maire et à deux ans avec sursis pour l'adjointe.

Interrogé sur ces écoutes qui ont fait naître un soupçon de corruption de juré au procès des tortures, le magistrat aujourd'hui à la retraite est réservé : « Si on révèle l'enquête en cours, on crame l'affaire, estime Régis de Jorna. Ici, on ne sait pas, et c'est bien parce qu'on ne sait pas que quatre jurés ont été placés en garde à vue. En revanche, si l'on surprend un juré en flagrant délit, ou qu'il y a eu une preuve formelle, ou bien encore si l'on estime qu'il n'y a plus de conditions sereines et impartiales pour poursuivre le procès, alors on renvoie. »

« On peut aussi se faire intoxiquer par une fausse information, admet Jean-Marc Heller, lui aussi ancien président d'assises à Bobigny. Le procès a déjà été renvoyé une première fois en raison d'un dysfonctionnement judiciaire, l'insuffisance de jurés, il aurait été audiencé six mois plus tard au moins, cela pouvait générer des remises en liberté. La situation est compliquée, vous apprenez que vous avez peut-être un ver dans le fruit, mais vous ne savez pas lequel... J'aurais suspendu, pour évaluer la valeur des écoutes avec les policiers, le parquet et les deux assesseures – à trois on fait moins de conneries que tout seul – avant de prendre la décision. »

Sérénité des débats, sécurité des jurés, l'affaire de Djo repose la question de manière frontale. « Pour ces procès-là, les jurés sont assez maltraités par l'institution, ils débarquent dans un monde qu'ils ne connaissent pas et on ne les prend pas en charge. Le midi, ils doivent se débrouiller pour manger. Le soir, même s'il est tard, ils doivent se débrouiller pour rentrer chez eux. Il ne faut pas avoir à l'idée que les jurés sont mis dans une bulle le temps du procès, ils sont perméables à tout ce qu'il se passe alentour. Ils entrent par la même entrée que le public, ils attendent dehors, avec les proches des accusés, fument leur cigarette, prennent leur café aux mêmes distributeurs », insiste Ludovic Friat, secrétaire général de l'Union syndicale de magistrats (USM). Le magistrat connaît bien la juridiction de Seine-Saint-Denis, il y a présidé la chambre des comparutions immédiates.

Pour les témoins aussi, c'est le même accès. « Une fois qu'ils ont témoigné, qu'on leur dit "Vous pouvez y aller", ils repartent par la même porte. Parfois on voit deux ou trois personnes quitter la salle derrière eux », relève un magistrat qui trouverait judicieux de récuser les jurés domiciliés dans la même ville que les accusés, notamment aux procès de crimes en bande organisée. Dans l'affaire des tortures, il aurait fallu écarter deux titulaires et deux suppléants.

Le souvenir de jurés apeurés ou tétanisés a marqué quelques magistrats, mais les cas sont plutôt rares. Un magistrat se souvient d'un homme en pleurs, après l'énoncé d'un verdict suivi d'une bagarre. Un autre décrit une jurée, une femme fragile qui avait peur de rentrer chez elle, le président l'avait fait raccompagner. Une compagnie de CRS a aussi été dépêchée au moment du verdict dans une salle d'audience où un policier était jugé pour homicide. Mais c'était davantage pour prévenir des débordements que pour protéger les jurés.

Les jurés de Seine-Saint-Denis ne sont pas moins impliqués ni mobilisés qu'ailleurs, tous les présidents d'assises que j'ai interrogés l'attestent : « Il y a certes des différences sociologiques, mais ce n'est pas une difficulté insurmontable. »

Reste que les affaires de règlements de comptes sont celles qui mettent le plus mal à l'aise ces juges d'un jour. Ils lèvent plus rarement le doigt pour poser des questions lors de ces procès. « L'état d'esprit de crainte des jurés, on le voit dans tous les dossiers de règlements de compte, explique Alice Dubernet, magistrate au parquet de Bobigny, responsable de la Dacrido. Cette tension, on la ressent énormément, des jurés se font porter pâles lorsqu'ils sont tirés au sort. Pour les témoins, c'est pareil. Parfois on les fait attendre et on les véhicule, mais c'est artisanal, il n'y a pas de logistique pour cela. Il faudrait une cour d'assises spéciale qui puisse siéger aussi à Bobigny pour les procès de règlements de comptes, cela nécessiterait aussi davantage de magistrats. »

Lorsqu'il a été entendu par la PJ, Philippe Jean-Draeher, le président de la cour d'assises, a estimé que, « eu égard au contexte, au profil des accusés, à la nature des faits dans un contexte de stupéfiants, ce procès aurait dû être délocalisé ».

Il n'est pas le seul à penser ainsi. « Comment peut-on par le tirage au sort s'assurer que les jurés soient complètement extérieurs au sujet qu'ils ont à juger ? » développe un magistrat « secoué » par cette affaire bien qu'il n'y ait pas pris part. « Il faut tenir compte de la porosité entre les jurés et le ressort. En matière criminelle, on n'a pas besoin de cette proximité à tout prix. Ils ne peuvent pas juger en ayant peur. Si un juré a peur, alors il jugera pour se protéger et non plus en son âme et conscience. En Corse par exemple, cela peut être une question de vie ou de mort. »

Juger les affaires de Bobigny à Nanterre ou à Paris, celles de Paris à Créteil ou à Bobigny… systématiquement dès la première instance, la délocaliser, comme c'est le cas en appel, permettrait, selon lui, de se prémunir contre cette « porosité qui peut fragiliser l'institution judiciaire ». « Si on veut garder les assises, il faut aborder ce sujet, insiste-t-il. Le problème se reposera, la Seine-Saint-Denis préfigure ce qu'il se passe ensuite ailleurs. »

Écarter les jurés des règlements de comptes, comme de tout crime en bande organisée, le parquet général de la cour d'appel de Paris l'a préconisé. « Cette affaire de Bobigny nous a fait reconsidérer que, pour les règlements de comptes notamment, une cour d'assises spécialement composée de magistrats serait préférable, témoigne Catherine Champrenault, l'ancienne procureure générale près la cour d'appel de Paris. Jamais nous n'avions vu cela auparavant, même si par le passé il avait pu y avoir des difficultés pour trouver des jurés. Nous avons rédigé deux préconisations émises en 2019 et 2020 par le parquet général de Paris à la Direction des affaires criminelles et des grâces (DACG) du ministère de la Justice, dans le but d'étendre la compétence de la cour d'assises spécialement composée à l'ensemble de la criminalité organisée. »

Ces cours d'assises sont composées exclusivement de magistrats, comme celle qui a été constituée pour les attentats du 13 novembre 2015. Elles jugent les crimes liés au terrorisme depuis 1986. À l'époque, c'est un procès qui a fait changer la loi. Régis Schleicher, membre d'Action directe jugé pour la fusillade mortelle de l'avenue Trudaine en 1983, où deux policiers sont morts, avait menacé jurés et magistrats, vouant « tous ceux qui siégeront aux rigueurs de la justice prolétarienne ». Le lendemain, plusieurs jurés manquaient à l'appel et le procès avait dû être renvoyé. La loi a été modifiée, puis étendue en 1992 au trafic de stupéfiants en bande organisée, considérant, là encore, que les jurés n'étaient pas forcément armés pour résister aux pressions et menaces du milieu.

« On s'aperçoit que face aux professionnels du crime, quand il y a beaucoup d'argent en jeu, les acteurs se permettent tout, aller voir un juré ou fournir de fausses pièces. Tout cela démontre que les affaires de criminalité organisée ne sont pas comme les autres, il faut des dispositions spéciales pour contrer la puissance de corruption et les moyens violents, comme les règlements de comptes plus ou moins sanglants qui prospèrent en Seine-Saint-Denis et dans les Bouches-du-Rhône », persiste Catherine Champrenault.

Dans le droit anglo-saxon, le législateur a prévu des dispositions pour protéger la sérénité et l'impartialité de la décision. « En Grande-Bretagne, si le président se rend compte que les conditions d'impartialité ne sont pas réunies, il peut décider de se passer des jurés », explique Benjamin Fiorini, maître de conférences en droit privé et sciences criminelles à Paris-VIII et auteur d'une thèse[1] qui aborde longuement la question du jury. « Au Canada, l'anonymisation est possible, les jurés sont alors désignés par un numéro, ils peuvent même être dissimulés au public – l'accusé, lui, doit pouvoir les voir –, si le président estime que leur sécurité est en jeu. Mais cela accroît en général la méfiance

1. *L'Enquête pénale privée : étude comparée des droits français et américain*, Institut universitaire Varenne, 2018.

des jurés et la propension à condamner. C'est également le cas pour la *jury sequestration* bien connue aux États-Unis. Les jurés sont mis dans une bulle tout le temps du procès, mais cet isolement est susceptible de générer chez eux des troubles psychiques. » Au Canada encore, le « voir-dire » « consiste à interroger les jurés en amont par le procureur et la défense, pour voir s'il existe des biais susceptibles de disqualifier ces citoyens. Le procureur et la défense doivent s'entendre sur les douze noms d'un jury considéré comme impartial », poursuit l'universitaire. « La solution semble rationnelle mais elle comporte aussi des excès, quand on veut trouver des biais pour récuser quelqu'un, on en trouve toujours ! L'on pourrait en France s'inspirer d'un encadrement à l'anglo-saxonne pour aider les jurés, et faire en sorte de les accompagner après le procès également. Les enquêtes socio-psychologiques ont démontré que la peur des représailles est réelle, et aucun suivi psychologique n'est organisé. »

Se taire ou partir ?

« Djo aurait dû mettre un stop mais il ne l'a pas fait. » Cette phrase d'Agathe Grenouillet, l'avocate de Djo, pendant sa plaidoirie m'entête. Pourquoi Djo n'a-t-il pas refusé de monter dans cette voiture devant le bar à chicha ? Pourquoi n'a-t-il pas dit non ? Je repense à ces femmes et ces hommes que j'ai connus au gré de mes reportages en Seine-Saint-Denis, qui eux aussi vivent à côté de points de deal, croisent des acheteurs en bas de chez eux, entendent hurler les guetteurs, cherchent à protéger leurs enfants du fantasme de l'argent rapide et de la violence meurtrière.

Je me souviens de certains visages, de leurs voix, quand ils me racontaient ce qu'il venait de se passer la veille dans leur quartier ou dans le hall de leur immeuble, qu'Untel était ressorti de prison et que « ça allait mal finir », qu'ils interdisaient à leurs enfants de sortir. Un article ferait bouger les choses, ils l'espéraient. Leurs ados rentraient en sixième. Certains avaient des enfants de l'âge de Djo.

Ils vivent à Sevran, Saint-Ouen, Villepinte, Bobigny, Saint-Denis, Aubervilliers... de père en fille, ou s'y sont installés parce qu'on leur a proposé un logement HLM ou une bonne affaire à ne pas louper.

Des ministres et des candidats à l'Élysée, ils en ont vu en chair et en os, heureux ou déçus, bien plus que la majorité des Français. « La Seine-Saint-Denis : *the place to be seen* », département aux « avant-postes de l'Histoire », terre de contrastes, de défis, avec sa vitalité économique, son étonnante capacité d'innovation, son système D, sa jeunesse, son chômage, sa pauvreté, sa criminalité, son trafic de drogue, et bientôt ses Jeux olympiques.

Ils ont entendu des ministres de l'Intérieur promettre de passer le Kärcher, déclarer la guerre aux dealeurs, attaquer les trafiquants au portefeuille, mettre les acheteurs à l'amende. Leurs quartiers ont été déclarés zones de sécurité prioritaires (ZSP), quartiers de reconquête républicaine (QRR), groupes locaux de traitement de la délinquance (GLTD), ou terres d'expérimentation de la police de sécurité du quotidien (PSQ). La Seine-Saint-Denis, un département où l'on aime annoncer des expériences, un département où il fait bon convier les caméras, aussi, pour redorer une cote de popularité en berne auprès des classes populaires.

« Le département compte deux cent quarante cités ou quartiers, dont un quart où la population se sent piégée comme dans un ghetto, a expliqué publiquement la procureure Fabienne Klein-Donati lors d'un discours de rentrée en forme de SOS qui a fait couler beaucoup d'encre, en janvier 2018. Personne n'en ignore les raisons. Depuis trop longtemps s'y sont ancrées des stratégies que certains sociologues appellent de survie à travers les trafics, les stupéfiants, mais pas seulement, contrefaçons, recels, mécanique sauvage, et plus récemment le proxénétisme. [...] Les pressions et menaces directes et indirectes sont légion. Tout étranger au quartier, qu'il soit acteur social ou autorité publique, visiteur susceptible de déranger l'organisation mise en place par les trafiquants, gardien d'immeuble, pompier, policier en particulier, est malvenu et on le lui fait savoir et pas avec "des paroles enrobées de bonbons[1]". »

1. « L'appel au secours de la procureure de Bobigny », *Le Monde*, 1er février 2018.

Selon le décompte du ministère de l'Intérieur, c'est le département de France qui compte le plus de points de deal, 276 sur près de 4 000 en France[1]. Des points de deal à plus de 300 clients par jour, un chiffre d'affaires moyen de 25 000 €. Ailleurs on sanctionne les acheteurs même lorsqu'ils ont de petites quantités de cannabis sur eux. En Seine-Saint-Denis, le trafic de drogue est si volumineux qu'un acheteur contrôlé avec 50 grammes de cannabis, et interpellé moins de trois fois, s'expose seulement à un rappel à la loi.

Les femmes et les hommes dont je me souviens ne se sentaient pas l'âme de justiciers, ils espéraient seulement vivre paisiblement, comme ce père de famille, né en Afrique, heureux de pouvoir enfin emménager dans un appartement HLM. Il n'avait jamais eu de toit auparavant, ses enfants étaient tout petits. Son premier bail de location était à Villepinte, en rez-de-chaussée. Il avait visité le logement de jour, et signé des deux mains. Le soir, le palier se transformait en fumoir géant, attirant des acheteurs de haschich. Il a appelé la police, en est venu aux mains pour repousser les intrus. Faute de solution, il coinçait du Sopalin dans le chambranle de la porte d'entrée afin d'empêcher autant que possible la fumée de cannabis d'entrer chez lui.

Une énergique retraitée, grande adepte d'aquagym, qui organisait des tas d'activités pour les enfants de

1. « Trafic de drogue : 3952 points de deal », *Le Parisien*, 20 décembre 2020.

son quartier, a chassé un jour les dealeurs du hall de son HLM. Toute seule, alors qu'elle avait plus de 70 ans. Le lendemain, les insultes et menaces de mort ont fleuri sur sa porte et les murs du couloir. Elle disait qu'elle n'avait pas peur.

Des parents ont occupé plusieurs soirs d'affilée l'entrée de leur immeuble, décidés à faire barrage aux dealeurs. Leur copropriété tanguait sous le poids des charges, tous étaient des salariés modestes. Ils avaient acheté leur appartement à crédit, la copropriété faisait déjà l'objet d'un plan de sauvegarde. Les portes cassées et les digicodes détruits alourdissaient la facture. Sans compter la fumée de cannabis qui pénétrait là aussi dans les appartements du bas. Après leur journée de travail, ils faisaient dîner les enfants un peu plus tôt, avant de redescendre dans le hall. Une poignée d'hommes et de femmes qui riaient toujours quand ils étaient ensemble, tout en se vouvoyant. C'était toujours plaisant de passer un moment avec eux. Ils dépliaient table et chaises, sortaient des jus de fruit. Des voisins les avaient mis en garde : « Ne restez pas là, c'est dangereux ! » Les dealeurs pointaient leur nez dans la soirée, prenaient un jus, tout en disant que « vendre de la drogue, c'était mieux que voler ». La police aussi passait. Les habitants ont eu au moins un temps de répit.

À Sevran encore, des pères de famille ont montré les muscles. L'immeuble était squatté, les ascenseurs ne marchaient plus, les techniciens ne voulaient plus intervenir, ils craignaient pour leur sécurité. Le lendemain, ces pères de famille ont découvert leurs pneus de voiture crevés. J'entends encore le terrible cri de désespoir d'un habitant : « Sortons nos familles et brûlons l'immeuble. »

Je me rappelle encore ces trois mères de famille qui vivaient aux Beaudottes, un quartier de Sevran. Je les avais rencontrées un matin d'hiver. Nous nous étions donné rendez-vous dans un fast-food d'une ville voisine, elles redoutaient d'être vues avec une journaliste. Il ne fallait pas qu'on sache qu'elles évoquaient leur quotidien à côté des petites mains du deal qui filtraient les entrées de leur tour, de jour comme de nuit. Pour le vérifier, j'avais accompagné un militant politique, parti tracter très tôt le matin. À notre approche, une silhouette a surgi d'un canapé, au fond du hall, plongé dans le noir, nous priant de dégager. Les trois mères de famille m'avaient raconté que les dealeurs contrôlaient parfois les entrées au détecteur à métaux, qu'elles avaient honte d'inviter des amis, qu'elles réfléchissaient deux fois avant de faire venir leur famille, qu'elles devaient dire « pardon » pour passer. L'une d'elles en avait pleuré.

Une pétition a circulé en toute discrétion pour dénoncer cette vie-là. Faire savoir que les habitants n'en pouvaient plus. Mais le porte-à-porte était trop risqué, les dealeurs avaient aussi élu domicile dans plusieurs appartements nourrices, des logements annexés sous la contrainte ou contre rémunération pour se cacher ou stocker la drogue. À tel point qu'un père de famille avait choisi de travailler de nuit pour s'assurer que ses enfants étaient en sécurité le jour. La tour a depuis été rasée.

La police, pourtant, intervient et interpelle, avec les moyens du bord et le sentiment tenace de vider la mer à la petite cuillère. Je me souviens de reportages, embarquée avec un équipage, engoncée dans un gilet pare-balles qu'on m'enjoignait d'enfiler. Et de ce commissaire de police, grand fan de *The Wire*, qui cherchait l'inspiration dans cette série américaine tournée à Baltimore, pour déstabiliser les trafiquants de sa ville.

Comment garder l'espoir, quand le trafic refleurit? Je me souviens d'une visite d'élus, à Saint-Ouen, des fusillades liées au trafic avaient fait couler le sang. Une file d'acheteurs, tout juste pubères, mèche sur le côté, des garçons et quelques filles qu'on aurait dit venir des beaux quartiers, s'était mise en retrait le temps de la visite. Sitôt le cortège d'élus parti, ils s'étaient remis en file indienne pour acheter quelques grammes de cannabis. Dans une tour de ce quartier, une assistante maternelle craignait de perdre son travail. Les familles avaient peur pour la sécurité de leurs enfants. Une employée de crèche m'a raconté que les dealeurs avaient tenté de se réfugier dans son établissement pour échapper à la police pendant la sieste des bébés.

Dans chacun de ces quartiers, le sang a coulé. Des enfants ont été blessés, des familles endeuillées. Je pense aux enfants de celles et ceux que j'ai rencontrés, et qui, pour certains, ont à peu près l'âge de Djo aujourd'hui. Certains ont peut-être été tirés au sort pour composer un jury d'assises. Qu'auraient-ils fait, s'ils avaient reconnu un voisin dans le public, s'ils avaient été approchés un soir en rentrant chez eux ?

Après une fusillade à Saint-Ouen en 2012, une mère de famille a dit non. Elle s'est mise à faire du porte-à-porte pour faire signer une pétition réclamant le droit de vivre en paix dans le Vieux-Saint-Ouen, un quartier classé en zone de sécurité prioritaire. Très vite, elle a senti qu'elle dérangeait. On la regardait de travers, on mimait des bruits de mitraillette sur son passage. Alors, elle a imposé un couvre-feu à ses trois enfants à 19 heures. Porter plainte ? Elle n'y a pas songé, pensant que tout ça se calmerait. Un soir d'automne, alors qu'elle rentrait chez elle après avoir promené son chien, plusieurs jeunes lui ont barré le passage, enflammant un sac de journaux avant d'agiter une bouteille de white-spirit. Les flammes s'élevaient jusqu'à sa hauteur. Elle a pris son chien et est remontée en quatrième vitesse, sans montrer qu'elle était terrorisée. Elle a appelé la police et s'est effondrée. On l'a prise pour une balance qui dénonçait le trafic de drogue. « Je n'ai jamais dénoncé qui que ce soit, ni donné de noms, mais c'était trop tard, j'ai dû déménager parce que j'étais en danger », m'expliqua-t-elle après le procès de ses agresseurs, deux très jeunes hommes, l'année suivante.

La femme et ses trois enfants ont dû être exfiltrés par la police le lendemain de l'agression, elle n'a pu passer le concours qui devait lui permettre de changer de poste et d'améliorer son salaire. Pendant un mois et demi, la famille a été hébergée dans deux chambres d'hôtel. La municipalité a payé les nuitées, la mère continuait à régler le loyer du logement HLM qu'elle avait dû fuir. Après l'hôtel, ils ont été installés dans un logement provisoire, pendant neuf mois, avant d'être définitivement relogés. Un nouveau bail, un nouveau départ. Des proches ont lancé une collecte pour racheter des meubles perdus dans le déménagement. L'un des enfants a dû respecter un protocole strict pour aller au lycée, ses déplacements étaient sous surveillance, pour sa sécurité. La mère se sentait coupable, des voisins lui ont fait comprendre qu'elle aurait dû se taire, qu'elle n'aurait pas dû trahir « les secrets de la cité ». Elle « n'avait qu'à partir ». Elle m'a confié qu'elle avait eu envie de se foutre en l'air. « On fait subir à nos enfants ces règles de la cité qui ne sont pas normales. »

Ses agresseurs ont été condamnés à un an de prison. Au procès, ils ont dit avoir agi à « la demande d'un grand du quartier », sans préciser de qui il s'agissait, ni pourquoi. Elle se trouvait dans la salle d'audience, au tribunal correctionnel de Bobigny. Elle ne l'avait pas dit à ses enfants. Elle n'a pas demandé de dommages et intérêts, d'ailleurs, elle n'a rien demandé du tout. « Ce que j'ai perdu, on ne peut pas le chiffrer, et je ne veux pas d'argent de ces jeunes-là, leur argent viendrait d'où ? me dit-elle après coup. J'ai voulu savoir qui était le plus fort, si c'était la loi de la République ou la loi de la cité, voir s'il y avait une justice, il y en a une. »

J'ai réussi à reprendre contact avec elle. Elle vit toujours dans la même ville, sa voix et ses propos laissent penser qu'elle a trouvé la sérénité. Je lui parle du livre que j'écris, de Djo, ce juré de 23 ans, qui a l'âge de ses enfants, et qui n'a pas révélé à la cour d'assises qu'il avait été approché pendant le procès. N'avait pas envie d'ébruiter qu'il était juré. Elle a entendu parler de cette histoire mais ne connaissait pas l'épilogue. Spontanément, elle me dit : « À 23 ans, on est plus faible. »

« LE SECRET DU DÉLIBÉRÉ EST ABSOLU, ON NE L'ÉVOQUE SURTOUT PAS EN PUBLIC, NI SUR LES RÉSEAUX SOCIAUX. C'EST AUSSI UNE PROTECTION POUR VOUS. » BOBIGNY, JUIN 2022

AUX dernières nouvelles, Djo a retrouvé un travail et quitté Bondy. Sa mère a été tirée au sort pour participer en tant que jurée à une session d'assises mais a demandé à se faire excuser.

Petit Père continue à vivre caché. Il n'a pas d'adresse fixe, il travaille à droite à gauche, toujours loin de ses fils. Il pense qu'un jour son téléphone sonnera et qu'on lui annoncera de nouvelles arrestations, il est convaincu que tout le monde n'a pas été attrapé dans son affaire.

Rien n'a jamais permis de savoir qui avait ordonné le braquage du convoi de drogue, ni qui avait profité de la revente des 70 kilos d'herbe. La photo prise du public, à Bobigny, reste également un mystère. Depuis, les portes et fenêtres des deux salles d'assises sont opaques. Impossible de distinguer qui témoigne depuis l'extérieur.

À la lecture du rapport des États généraux de la justice, *Rendre justice aux citoyens*, remis au président de la République le 8 juillet 2022, les conditions d'exercice des jurés ne préoccupent guère ses rédacteurs. Cette grande consultation voulue par le chef de l'État en juin 2021, a sondé pendant des mois cinquante mille professionnels de justice, magistrats, avocats, usagers, détenus. Sur 250 pages, il n'est fait mention qu'une seule fois du jury populaire, en ces termes : « La question du jury populaire devra également être abordée. Le comité estime en effet que la participation de citoyens à l'œuvre de justice est primordiale et doit être préservée » (page 199).

À Bobigny, l'affaire a laissé des traces. « Dès que vous sortez de ce monde judiciaire, vous devez faire très attention à ce que vous faites, vous pouvez croiser un avocat, un journaliste à la machine à café. Pour délibérer, on décide tous ensemble. Ce qu'il se passe dans la salle du délibéré est un secret absolu », prévient la présidente de la cour d'assises devant une quarantaine de personnes tirées au sort pour être jurés, en cette matinée du mois de juin 2022.

Entre ceux qui ont déménagé, ceux qui ont été condamnés, ceux que la police n'a pas trouvés, la liste a déjà fondu de moitié. Des dispenses sont accordées. À une maman, venue avec son nourrisson dans les bras, à un patron d'une célèbre plate-forme de vente d'occasion qui invoque une réunion aux Pays-Bas et un plan social à orchestrer, à une retraitée venue avec un courrier de son fils expliquant qu'elle ne maîtrise pas suffisamment le français... Ou encore à cette trentenaire qui doit se rendre aux obsèques d'un parent. Elle pourra revenir au procès suivant mais ne participera pas à celui qui s'ouvre le lendemain.

Sur les soixante personnes convoquées, il en reste vingt-neuf. Ils sont gardiens d'immeuble, aide-soignante, agent administratif, informaticien, responsable d'une société d'intérim, commercial, employé d'université, contrôleur de gestion... Un film est projeté sur écran, il explique le fonctionnement d'un procès, magistrats, avocats et jurés témoignent de leur vécu, de la richesse de cette expérience citoyenne. « C'est quelque chose qu'il faut vivre, on en retire quelque chose du fonctionnement de la justice. » « On ne peut pas sortir avec quelque chose de carré. » Le film devra être réactualisé. Depuis le 1er mars 2022, la loi prévoit que la culpabilité se décide à sept voix, et non plus à six.

La présidente de la cour d'assises donne des explications supplémentaires : « Un dossier aux assises, c'est comme un tableau impressionniste. Avec juste un peu de rose, un peu de jaune, je ne comprends rien. Et puis on rajoute des couleurs. Il est très rare d'avoir une scène de crime qui a été filmée. Il faut savoir si on a l'essentiel ou s'il y a des zones d'ombre importantes. »

Achevé d'imprimer sur Roto-Page
par l'Imprimerie Floch à Mayenne
en octobre 2022.
Numéro d'imprimeur : 101348

Imprimé en France.

Ces futurs juges d'un jour ont aussi droit à un laïus sur l'usage du téléphone portable.

« Votre téléphone, le plus simple, c'est de le laisser dans la salle. On a déjà eu des sujets ici, indique la magistrate sans entrer dans les détails. Pas question de tweeter, d'envoyer des messages sur WhatsApp, vous seriez passibles de sanctions pénales. »

L'avocat général, déjà en poste à Bobigny au moment de l'affaire de Petit Père et des jurés, insiste : « Le secret du délibéré est absolu, on ne l'évoque surtout pas en public, surtout pas sur les réseaux sociaux. C'est aussi une protection pour vous. Le délibéré, c'est la décision globale de la cour d'assises. »

« Et les notes que l'on prend, le soir, on en fait quoi ? demande un homme dans l'assistance.

— Vous les laissez ici », répond la présidente.